普通高等院校新工科应用型人才培养实用教材

有机化学实验

主编 陈 贵 程志毓 罗 群

西南交通大学出版社
·成 都·

内容提要

本书是一本简明的有机化学实验教材。全书分为有机化学实验的基本知识、基本操作和实验技术、有机化合物的制备、有机化合物的鉴别以及附录五部分。基本知识和基本操作部分叙述翔实，特别强调有机化学实验室的安全和相应的防范措施，还包含必要的数据、图表、插图，以及无水无氧装置和操作技术等。有机化合物的制备结合有机化合物的化学性质鉴别设计实验，让学生掌握化合物的制备、分离、提纯、鉴定等方法。附录部分包含常用元素的相对原子质量、常用试剂的纯化与配制、有毒有害化学品的知识。

本书可供环境、材料、医学、师范等相关专业学生使用，也可供相关工作人员参考。

图书在版编目（ＣＩＰ）数据

有机化学实验 / 陈贵，程志毓，罗群主编. —成都：西南交通大学出版社，2022.1
普通高等院校新工科应用型人才培养实用教材
ISBN 978-7-5643-8420-3

Ⅰ. ①有… Ⅱ. ①陈… ②程… ③罗… Ⅲ. ①有机化学–化学实验–高等学校–教材 Ⅳ. ①O62-33

中国版本图书馆 CIP 数据核字（2021）第 244002 号

普通高等院校新工科应用型人才培养实用教材

Youji Huaxue Shiyan

有机化学实验

主编	陈 贵　程志毓　罗 群
责任编辑	牛　君
封面设计	何东琳设计工作室
出版发行	西南交通大学出版社 （四川省成都市金牛区二环路北一段 111 号 西南交通大学创新大厦 21 楼）
邮政编码	610031
发行部电话	028-87600564　028-87600533
网址	http://www.xnjdcbs.com
印刷	成都蓉军广告印务有限责任公司
成品尺寸	185 mm × 260 mm
印张	6
字数	132 千
版次	2022 年 1 月第 1 版
印次	2022 年 1 月第 1 次
定价	28.00 元
书号	ISBN 978-7-5643-8420-3

课件咨询电话：028-81435775
图书如有印装质量问题　本社负责退换
版权所有　盗版必究　举报电话：028-87600562

前言

有机化学实验是有机化学课程的实践教学内容。通过有机化学实验可验证、巩固有机化学基本理论，并加深学生对所学有机化学基础知识的理解。

目前，大多《有机化学实验》教材都是大部头书籍，实验内容安排得全面系统，但非常多，需要 48~72 教学学时才能让学生很好地掌握基本实验内容。我校环境科学与环境工程专业"有机化学实验"教学只有 16 学时，课时量少，教学任务重，学生压力大。鉴于学时少、任务重的实际情况，有机化学实验需精简实验内容，让学生能在有限的课时内充分掌握有机化学实验基本操作以及合成、分离、纯化、鉴别有机化合物的基础知识，从而达到基本的教学目标与效果。

本书基于环境科学与环境工程专业与基础有机化学的密切联系，在保证基础知识、基本能力培养的同时，注意实验课与理论课之间的联系，立足基础，面向应用，精简教学内容，重新编排基础有机化学实验，从而达到培养具有较强实践能力和创新意识的应用研究型新工科人才的目的。

全书分为有机化学实验的基本知识、基本操作和实验技术、有机化合物的制备、有机化合物的鉴别以及附录五部分。基本知识和基本操作部分叙述翔实，特别强调有机化学实验室的安全和相应的防范措施，还包含必要的数据、图表、插图，以及无水无氧装置和操作技术等。有机化合物的制备结合有机化合物的化学性质鉴别设计实验，让学生掌握化合物的制备、分离、提纯、鉴定等方法。附录部分包含常用元素的相对原子质量、常用试剂的纯化与配制、有毒有害化学品的知识。

本书得到东莞理工学院 2019 年度精品教材建设项目以及 2021 年度资源与环境学位点建设经费的资助。在编写过程中，广泛参考了国内知名高校有机化学实验教材，在此表示衷心的感谢。

由于编者水平有限，本书难免存在疏漏和错误，敬请读者批评指正！

编 者
2021 年 8 月

目 录

第一章 有机化学实验的基本知识 ·· 001
    第一节 有机化学实验室规则 ··· 001
    第二节 实验室的安全，事故的预防、处理与急救 ·············· 003
    第三节 常用的玻璃仪器 ··· 008
    第四节 常用玻璃仪器的清洗、干燥与保养 ······················· 015
    第五节 实验预习、记录和报告的基本要求 ······················· 018

第二章 基本操作和实验技术 ·· 020
    实验一 加热与冷凝 ··· 020
    实验二 干燥与干燥剂 ··· 024
    实验三 萃　取 ·· 028
    实验四 蒸馏与分馏 ··· 032
    实验五 重结晶及熔点的测定 ··· 037
    实验六 无水无氧操作技术 ··· 042

第三章 有机化合物的制备 ·· 044
    实验一 环己烯的制备 ··· 044
    实验二 正溴丁烷的制备 ··· 048
    实验三 2-甲基-2-己醇的制备 ··· 051
    实验四 乙酸正丁酯的制备 ··· 055
    实验五 环己酮的制备 ··· 059
    实验六 阿司匹林的合成 ··· 062
    实验七 甲基橙的制备 ··· 065
    实验八 从茶叶中提取咖啡因 ··· 068

第四章 有机化合物的鉴别 ·· 072
    实验一 烷烃与烯烃的鉴别 ··· 072
    实验二 卤代烷烃的鉴别 ··· 074
    实验三 醇和酚的鉴别 ··· 076
    实验四 醛和酮的鉴别 ··· 079

参考文献……082
附　录……083
　　附录A　常见元素的相对原子质量……083
　　附录B　常用试剂的纯化与配制……084
　　附录C　有毒有害化学品的知识……087

第一章
有机化学实验的基本知识

有机化学实验是有机化学课程的实践教学内容。通过有机化学实验可验证、巩固有机化学基本理论，并加深学生对所学有机化学基础知识的理解。有机化学实验的教学目的和任务是：使学生熟悉有机化学实验基本安全知识；掌握常规仪器的名称、用途，基本实验操作技术以及简单有机化合物的合成、分离、纯化；提高学生的动手能力并培养他们发现问题、分析问题、解决问题以及撰写实验报告的能力；使学生树立理论联系实际的工作作风，养成实事求是和严谨的科学态度、良好的实验工作方法和工作习惯。

第一节　有机化学实验室规则

为了保证实验的正常进行和培养良好的实验习惯，学生必须严格遵守有机化学实验室规则。

1. 实验前做好准备工作。认真预习有关实验内容；明确实验的目的和要求；了解实验的基本原理、内容和方法；写好实验预习报告；知道所用药品和试剂的毒性和其他性质；牢记操作中的注意事项。

2. 禁止穿拖鞋、背心、短裤、裙子进入实验室；女生若是长头发，需用扎头绳扎起。

3. 进入实验室时，要遵从教师的指导；熟悉实验室设施，了解实验室水电气开关阀门、消防器材、急救药箱、洗眼器、淋洗器等的位置与使用方法；熟悉安全出口以及紧急逃生路线。

4. 严格按照操作规程和实验步骤进行实验；实验进行中，应保持安静，遵守秩序，安排好时间，集中精神，认真操作，不得擅自离开；若发生意外事故，要保持镇静，立即采取应急措施，并报告指导教师。

5. 实验台要保持清洁和干燥；所有废弃的固体和滤纸等应丢入废物缸内，绝不能丢入水槽或下水道，以免堵塞；有异臭或有毒物质的操作必须在通风橱内进行；保持实验室整洁，使用过的仪器应及时洗净。

6. 实验结束后，记录本须经教师签字，整理干净实验台面，关闭所用水、电；爱护公物，公用仪器及药品用后立即归还原处；节约水，严格控制药品用量。

7. 轮流值日，值日生要整理公用仪器，打扫实验室，老师检查后方可离开。

第二节　实验室的安全，事故的预防、处理与急救

在有机化学实验中，经常要使用易燃溶剂，如乙醚、乙醇、丙酮以及苯等；易燃易爆的气体和药品，如氢气、乙炔和金属有机试剂等；有毒药品，如氰化钠、硝基苯、甲醇和某些有机磷化合物等；有腐蚀性的药品，如氯磺酸、浓硫酸、浓硝酸、浓盐酸、烧碱及溴等。这些药品若使用不当，可能产生着火、爆炸、烧伤、中毒等事故。此外，玻璃器皿、煤气、电器设备等使用或处理不当也会发生事故。但是，这些事故都是可以预防的。实验者须树立"安全第一"的思想，认真预习和了解所做实验中用到的物品和仪器的性能、用途、可能出现的问题及预防措施，并严格执行操作规程，即能有效地维护人身和实验室的安全，确保实验的顺利进行。下列事项应引起高度重视，并予切实执行。

一、实验室的安全守则

1. 实验前须做好预习，了解实验所用药品的性能、危害和注意事项。
2. 实验开始前应检查仪器是否完整无损，装置是否正确稳妥。蒸馏、回流、加热的仪器，一定要和大气接通或与大气相接处套一气球。
3. 实验进行时不得离开岗位，应该随时观察反应进行情况，注意仪器有无漏气、破裂。
4. 使用易燃、易爆试剂时，应远离火源。易挥发试剂不得用敞口容器接收或加热。
5. 实验过程中，应穿好实验服，并佩戴防护眼镜、手套等防护设备。
6. 实验中所用药品，不得随意散失、遗弃。对反应中会产生有害气体的实验，应按照规定处理，以免污染环境，影响身体健康。
7. 实验试剂不得入口，严禁在实验室内吸烟、喝水或进食。实验结束后要及时洗手。
8. 玻璃管（棒）或温度计插入塞中时，应先检查塞孔大小是否合适，然后将玻璃切口锉光滑，用布裹住并涂少许甘油等润滑剂后再缓缓旋转而入。握玻璃管（棒）的手应尽量靠近塞子，以防因玻璃管（棒）折断而割伤皮肤。
9. 要熟悉安全用具，如灭火器、沙桶以及急救箱的放置地点和使用方法，安全用具以及急救药品不准移作他用，或挪动存放位置。

二、实验室事故的预防

（一）火灾事故预防

实验中使用的有机溶剂大多是易燃的。因此，着火是有机实验中最易发生的事故。防火的基本原则是使火源与溶剂尽可能离得远些，尽量不用明火直接加热。为了防止事故发生，必须随时注意以下几点：

1. 操作和处理易燃、易爆溶剂时，应远离火源；对易爆炸固体的残渣，必须小心销毁（如用盐酸或硝酸分解金属炔化物）；不要把未熄灭的火柴梗乱丢；对于易发生自燃的物质（如加氢反应用的催化剂雷尼镍）及沾有它们的滤纸，不能随意丢弃，以免造成新的火源，引起火灾。

2. 实验前应仔细检查仪器装置是否正确、稳妥与严密；操作要求正确、严格；常压操作时，切勿造成系统密闭，否则可能会发生爆炸事故；对沸点低于 80 ℃ 的液体，一般蒸馏时应采用水浴加热，不能直接用火加热；实验操作中，应防止有机物蒸气泄漏，切勿用敞口容器存放、加热或接收有机溶剂。若要进行除去溶剂的操作，则必须在通风橱里进行。

3. 实验室里不允许贮放大量易燃物。实验中一旦发生火灾，切不可惊慌失措，应保持镇静。

（二）爆炸事故预防

1. 有机化合物中的过氧化物、芳香族多硝基化合物、硝酸酯、干燥的重氮盐、叠氮化物、金属炔化物等，均是易爆物品，在使用和操作时应特别注意。含过氧化物的乙醚在蒸馏时有爆炸的危险，必须事先除去过氧化物。若有过氧化物，可加入硫酸亚铁的酸性溶液予以除去。芳香族多硝基化合物不宜在烘箱内干燥。乙醇和浓硝酸混合在一起，会引起极强烈的爆炸。

2. 仪器装置不正确或操作错误，有时会引起爆炸。如果在常压下进行蒸馏或加热回流，仪器必须与大气相通。在蒸馏时要注意，不要将物料蒸干。在减压操作时，不能使用不耐外压的玻璃仪器（如平底烧瓶和锥形烧瓶等）。

3. 氢气、乙炔、环氧乙烷等气体与空气混合达到一定比例时，会生成爆炸性混合物，遇明火即会爆炸。因此，使用上述物质时必须严禁明火。对于放热量很大的合成反应，要小心地慢慢滴加物料，并注意冷却，同时要防止因滴液漏斗活塞漏液而造成事故。

（三）中毒事故预防

实验中的许多试剂都是有毒的。有毒物质往往通过呼吸吸入、皮肤渗入、误食等方式导致中毒。

1. 处理具有刺激性、恶臭和有毒的化学药品，如 H_2S、NO_2、Cl_2、Br_2、CO、SO_2、SO_3、HCl、HF、浓硝酸、发烟硫酸、浓盐酸，乙酰氯等时，必须在通风橱中进行。通风橱开启后，不要把头伸入橱内，并保持实验室通风良好。

2. 实验中应避免手直接接触化学药品，尤其严禁手直接接触剧毒品。沾在皮肤上的有机物应当立即用大量清水和肥皂洗去，切莫用有机溶剂洗，否则只会增加化学药品渗入皮肤的速度。溅落在桌面或地面的有机物应及时清理。如不慎损坏水银温度计，撒落在地上的水银应尽量收集起来，并用硫磺粉盖在撒落的地方。

3. 实验中所用剧毒物质由实验室负责人负责保管、适量发给使用人员并要回收剩余物质。装有毒物质的器皿要贴标签注明，用后及时清洗，经常使用有毒物质实验的操作台及水槽要注明，实验后的有毒残渣必须按照实验室规定进行处理，不准乱丢。

（四）实验室触电事故预防

1. 实验中常使用电炉、电热套、电动搅拌机等，使用电器时，应防止人体与电器导电部分直接接触及石棉网金属丝与电炉电阻丝接触。

2. 不能用湿的手或手握湿的物体接触电插头；电热套内严禁滴入水等溶剂，以防电器短路。

3. 为了防止触电，装置和设备的金属外壳等应连接地线，实验后应先关仪器开关，再将连接电源的插头拔下。

三、事故的处理和急救

（一）火　灾

一旦发生火灾，应保持沉着镇静，不必惊慌失措，并立即采取各种相应措施，以减少事故损失。首先立即切断室内一切火源和电源。然后根据具体情况正确地进行抢救和灭火。在可燃液体着火时，应立即拿开着火区域内的一切可燃物质，关闭通风器，防止扩大燃烧。酒精及其他可溶于水的液体着火时，可用水灭火。汽油、乙醚、甲苯等有机溶剂着火时，应用石棉布或干沙扑灭，绝对不能用水，否则反而会扩大燃烧面积。金属钾、钠或锂着火时，绝对不能用水、泡沫灭火器、二氧化碳、四氯化碳等灭火，可用干沙、石墨粉扑灭。注意电器设备导线等着火时，不能用水及二氧化碳灭火器（泡沫灭火器）灭火，以免触电。应先切断电源，再用二氧化碳或四氯化碳灭火器灭火。衣服着火时，千万不要奔跑，应立即用石棉布或厚外衣盖熄，或者迅速脱下衣服；火势较大时，应卧地打滚以扑灭火焰，或躺在地上（以免火焰烧向头部）用防火毯紧紧包住，直至火灭，或打开附近的自来水开关用水冲淋熄灭。发现烘箱有异味或冒烟时，应迅速切断电源，使其慢慢降温，并准备好灭火器备用。千万不要急于打开烘箱门，以免突然供入空气助燃（爆），引起火灾。发生火灾时应注意保护现场。较大的着火事故应立即报警。若有伤势较重者，应立即送往医院。熟悉实验室内灭火器材的位置和灭火器的使用方法。根据具体情况采用下列灭火器材：

1. 四氯化碳灭火器：用以扑灭电器内或电器附近的火，但不能在狭小和通风不良的实验室中应用，因为四氯化碳在高温时要生成剧毒的光气，此外，四氯化碳和金属钠接触也会发生爆炸。使用时只需连续抽动唧筒，四氯化碳即会由喷嘴喷出。

2. 二氧化碳灭火器：是有机实验室中最常用的一种灭火器，它的钢筒内装有压缩的液态二氧化碳，使用时打开开关，二氧化碳气体即会喷出，用以扑灭有机化合物及电器设备的着火。使用时应注意，一手提灭火器，一手应握在喷二氧化碳喇叭筒的把手上。因喷出的二氧化碳压力骤然降低，温度也骤降，手若捏在喇叭筒上易被冻伤。

3. 泡沫灭火器：内部分别装有含发泡剂的碳酸氢钠溶液和硫酸铝溶液，使用时将筒身颠倒，两种溶液即反应生成硫酸氢钠、氢氧化铝及大量二氧化碳。灭火器筒内压力突然增大，大量二氧化碳泡沫喷出。非大火通常不用泡沫灭火器，因后续处理较麻烦。

无论用何种灭火器，皆应从火的四周开始向中心扑灭。油浴和有机溶剂着火时，绝对不能用水浇，因为这样反而会使火焰蔓延开来。

（二）中　毒

操作有毒物质实验中若出现咽喉灼痛、嘴唇脱色或发绀、胃部痉挛或恶心呕吐、心悸头晕等症状时，可能是中毒所致。视中毒原因施以下述急救后，立即送医院治疗，不得延误。

溅入口中尚未咽下者应立即吐出，再用大量水冲洗口腔。如已吞下，应根据毒物性质给以解毒剂。误食碱者，先饮大量水再喝些牛奶。误食酸者，先喝水，再服 $Mg(OH)_2$ 乳剂，最后饮些牛奶。不论酸或碱中毒皆再灌注牛奶，不要用催吐药，也不要服用碳酸盐或碳酸氢盐。重金属盐中毒者，喝一杯含有几克 $MgSO_4$ 的水溶液，立即就医。不要服催吐药，以免引起危险或使病情复杂化。砷和汞化物中毒者，必须紧急就医。吸入气体或蒸气中毒者立即转移至室外，解开衣领和纽扣，呼吸新鲜空气。对休克者应施以人工呼吸，但不要用口对口法，立即送医院急救。

（三）玻璃割伤

一般轻伤应及时挤出污血，并用消过毒的镊子取出玻璃碎片，用蒸馏水洗净伤口，涂上碘酒，再用创可贴或绷带包扎；大伤口应立即用绷带扎紧伤口上部，使伤口停止流血，急送医院就诊。

（四）烫　伤

被火焰、蒸气、红热的玻璃、铁器等烫伤时，应立即将伤口处用大量水冲洗或浸泡，使其迅速降温避免深度烧伤。对轻微烫伤，可在伤处涂些鱼肝油或烫伤油膏或万花油后包扎。若皮肤起泡（二级灼伤），不要弄破水泡，防止感染；若伤处皮肤呈棕色或黑色（三级灼伤），应用干燥而无菌的消毒纱布轻轻包扎好，急送医院治疗。

（五）被酸、碱或溴液灼伤

1. 皮肤被酸灼伤要立即用大量流动清水冲洗（皮肤被浓硫酸沾污时切忌先用水冲洗，以免硫酸水合时放出大量的热而加重伤势，应先用干抹布吸去浓硫酸，然后再用清水冲洗），彻底冲洗后可用 2%~5% 的碳酸氢钠溶液或肥皂水进行中和，最后用水冲洗，涂上药品凡士林。

2. 碱液灼伤要立即用大量流动清水冲洗，再用 2% 醋酸或 3% 硼酸溶液进一步冲洗，最后用水冲洗，再涂上药品凡士林。

3. 酚灼伤时立即用 30% 酒精擦洗数遍，再用大量清水冲洗干净而后用硫酸钠饱和溶液湿敷 4~6 h。由于酚用水冲淡 1∶1 或 2∶1 浓度时，瞬间可使皮肤损伤加重而增加酚吸收，故不可先用水冲洗污染面。

受上述灼伤后，若创面起水泡，均不宜把水泡挑破。重伤者经初步处理后，急送医院治疗。

四、急救用具

（一）消防器材

四氯化碳灭火器、二氧化碳灭火器、泡沫灭火器、干沙、灭火毯、淋浴水龙头等。

（二）急救药箱

碘酒、紫药水、3% 的双氧水、70% 的酒精、1% 的乙酸溶液、1% 的硼酸溶液、1% 的饱和碳酸钠溶液、甘油、凡士林、烫伤药膏、绷带、纱布、药棉、棉花签、橡皮膏、医用镊子、剪刀等。

第三节　常用的玻璃仪器

有机化学实验室中使用最多的是玻璃仪器。不同的玻璃，其组成与特性各不相同，可用于加热的玻璃仪器由硬质玻璃制成，软化温度为 770 ℃。玻璃仪器使用时需注意：① 轻拿轻放，安装松紧适度；② 除试管外一般不可直接用火加热；③ 厚壁玻璃容器不可加热；④ 薄壁的平底容器（锥形瓶、平底烧瓶）不耐压，不可用于真空系统；⑤ 量器（量筒、量杯）不可在高温下烘烤；⑥ 广口容器不可用于储存或加热有机溶剂。

一、有机化学实验常用玻璃仪器

（一）标准磨口玻璃仪器

有机实验一般根据玻璃仪器口塞及磨口分为标准磨口仪器和普通仪器。有机化学实验中推荐使用标准磨口玻璃仪器。标准磨口玻璃仪器所有磨口与磨塞均采用国际统一标准的尺寸和锥度（1∶10）。口径大小通常用数字编号表示，该数字是指磨口最大端直径（单位：mm），常用口径有 10，12，14，16，19，24，29，34，40 等。表 1-1 是标准磨口玻璃仪器的编号与大端直径。

表 1-1　标准磨口玻璃仪器的编号与大端直径

编号	10	12	14	16	19	24	29	34	40
大端直径/mm	10	12.5	14.5	16	18.8	24	29.2	34.5	40

标准磨口玻璃仪器由于口塞尺寸的标准化、通用化，凡属于同类规格的接口，均可任意互换，各部件能组装成各种配套仪器。当不同类型、规格的部件无法直接组装时，可使用变径接头连接起来。使用标准磨口玻璃仪器既可免去配塞子的麻烦，又能避免反应物或产物被塞子沾污；口塞磨砂性能良好，使密合性可达较高真空度，对蒸馏尤其减压蒸馏有利，对于毒物或挥发性液体的实验较为安全。

标准磨口玻璃仪器均按国际通用的技术标准制作。当某个部件损坏时，可以选购。标准磨口仪器的每个部件在其口、塞的上或下显著部位均具有烤印的白色标志，表明规格。有的标准磨口玻璃仪器有两个数字，如 10/30，10 表示磨口大端的直径为 10 mm，30 表示磨口的高度为 30 mm。图 1-1 为有机化学实验常用的标准磨口玻璃仪器。

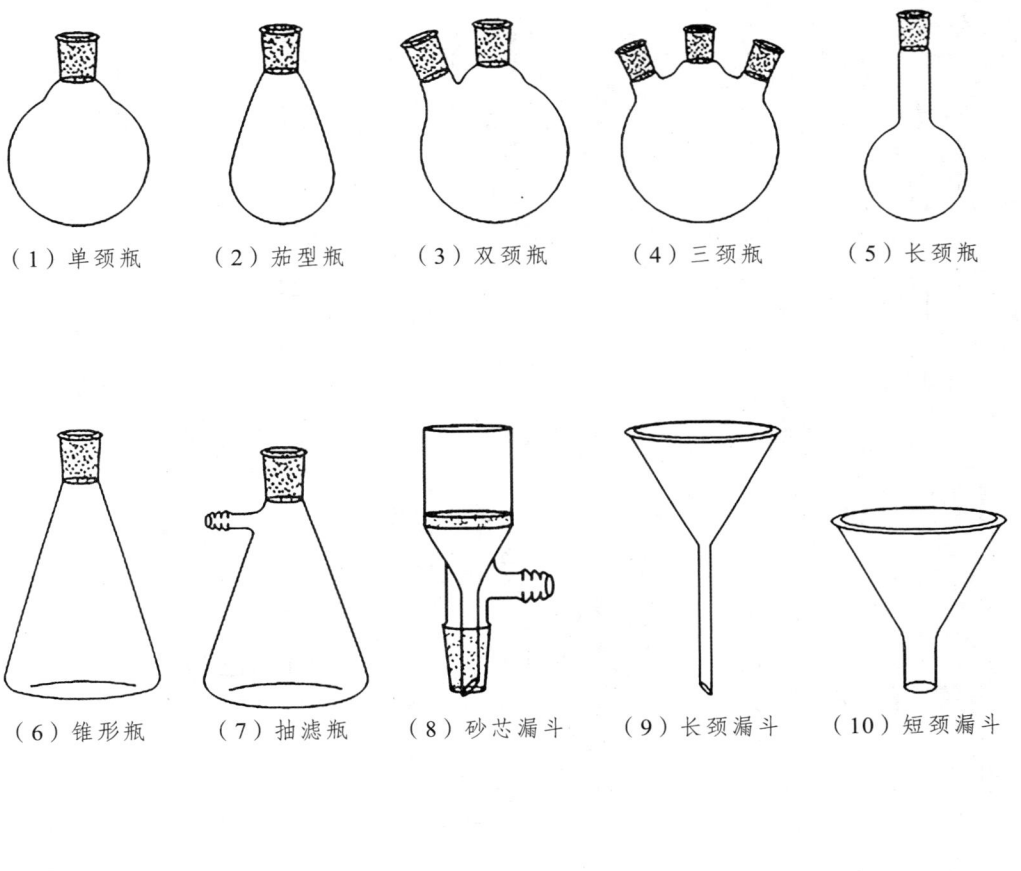

(1) 单颈瓶　(2) 茄型瓶　(3) 双颈瓶　(4) 三颈瓶　(5) 长颈瓶

(6) 锥形瓶　(7) 抽滤瓶　(8) 砂芯漏斗　(9) 长颈漏斗　(10) 短颈漏斗

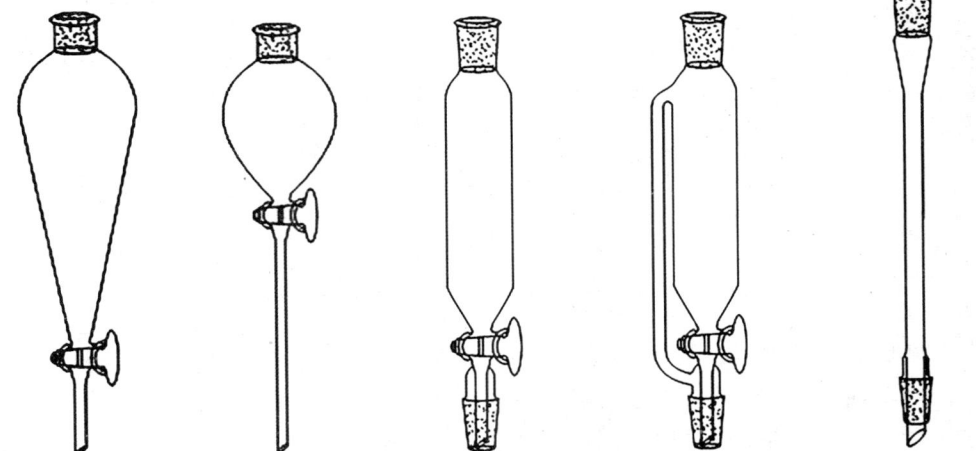

(11) 分液漏斗　(12) 滴液漏斗　(13) 常压滴液漏斗　(14) 恒压滴液漏斗　(15) 空气冷凝管

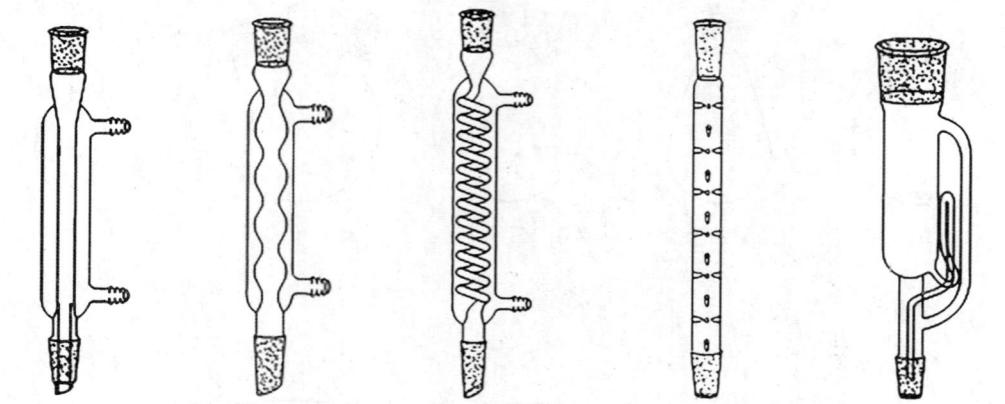

（16）直形冷凝管　（17）球形冷凝管　（18）蛇形冷凝管　（19）韦氏分馏柱　（20）索氏提取器

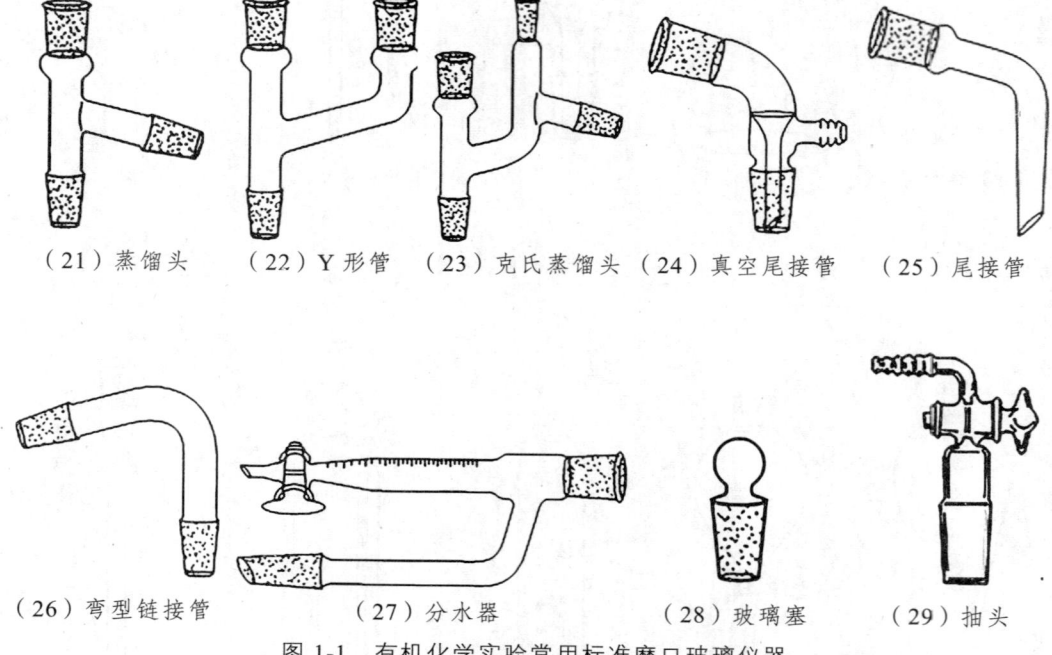

（21）蒸馏头　（22）Y形管　（23）克氏蒸馏头　（24）真空尾接管　（25）尾接管

（26）弯型链接管　　　（27）分水器　　　（28）玻璃塞　　（29）抽头

图 1-1　有机化学实验常用标准磨口玻璃仪器

1. 圆底烧瓶（单颈瓶）：能耐热和承受反应物（或溶液）沸腾以后所发生的冲击震动。在有机化合物的合成和蒸馏实验中最常使用，也常用作减压蒸馏的接收器。

2. 梨形烧瓶：性能和用途与圆底烧瓶相似。它的特点是在合成少量有机化合物时在烧瓶内保持较高的液面，蒸馏时残留在烧瓶中的液体少。

3. 二口烧瓶（双颈瓶）：常用于半微量、微量制备实验，作为反应瓶，中间口接回流冷凝管、微型蒸馏头、微型分馏头等，侧口接温度计、加料管等。

4. 三口烧瓶（三颈瓶）：最常用于需要进行搅拌的实验。中间口装搅拌器，两个侧口装回流冷凝管和滴液漏斗或温度计等。

5. 恒压滴液漏斗：用于合成反应实验的液体加料操作，也可用于简单的连续萃取操作。

6. 空气冷凝管：当蒸馏物质的沸点高于 140 ℃ 时，常用它代替通冷却水的直形冷凝管。

7. 球形冷凝管：其内管的冷却面积较大，对蒸气的冷凝有较好的效果，适用于加热回流的实验。

（二）使用标准磨口玻璃仪器注意事项

1. 标准口塞应经常保持清洁，使用前宜用软布揩拭干净，但不能附上棉絮。

2. 使用前在磨砂口塞表面涂以少量真空油脂或凡士林，以增强磨砂接口的密合性，避免磨面的相互磨损，同时也便于接口的装拆。

3. 装配时，把磨口和磨塞轻微地对旋连接，不宜用力过猛。但不能装得太紧，只要达到润滑密闭要求即可。

4. 用后应立即拆卸洗净；否则，对接处常会粘牢，以致拆卸困难。

5. 装拆时应注意相对的角度，不能在角度偏差时进行硬性装拆；否则，极易造成破损。

6. 磨口套管和磨塞应该是由同种玻璃制成的，迫不得已时，才用膨胀系数较大的磨口套。

二、有机化学实验常用装置

（一）回流反应装置

在室温下，有些反应速率很慢或难于进行。为了使反应尽快地进行，常常需要使反应物质较长时间保持沸腾。在这种情况下，就需要使用回流冷凝装置，使蒸气不断地在冷凝管内冷凝而返回反应器中，以防反应瓶中的物质逃逸损失。回流反应最常用的玻璃仪器有圆底烧瓶、回流冷凝管。回流温度高于 140 ℃ 需采用空气冷凝管，以免高温下水冷造成冷凝管炸裂。根据反应需要，可以添加滴液漏斗、温度计等。图 1-2 是几种简单的回流冷凝装置。将反应物质以及沸石放在圆底烧瓶中，在适当的热源上或热浴中加热。直立的冷凝管夹套中自下至上通入冷水，使夹套充满水，水流速度不必很快，能保持蒸气充分冷凝即可。加热的程度也需控制，使蒸气上升的高度不超过冷凝管的 1/3。

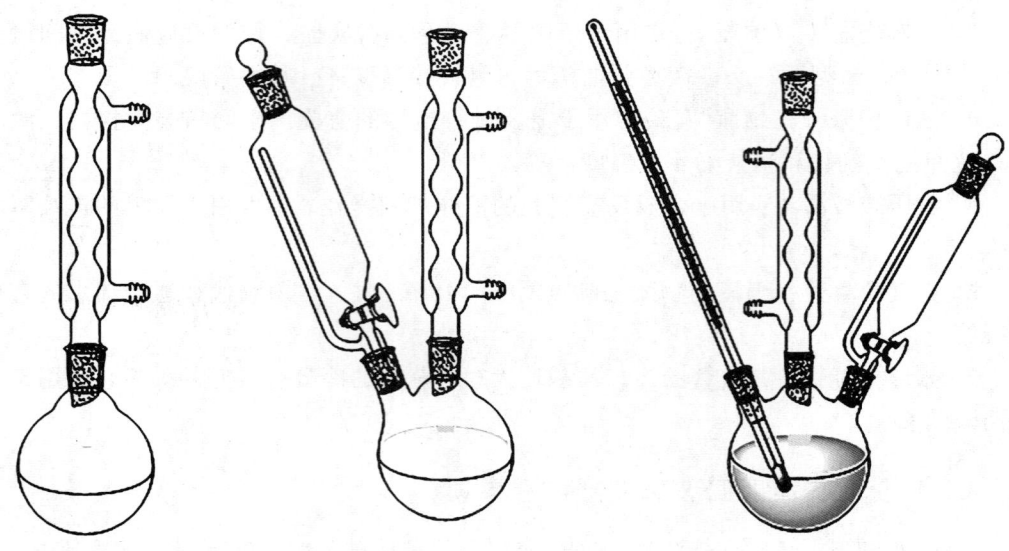

图 1-2　简单回流反应装置

(二) 蒸馏和分馏装置

蒸馏是分离两种以上沸点相差较大（>30 ℃）的液体和除去有机溶液的常用方法。根据蒸馏压力和操作原理，分为常压蒸馏、减压蒸馏、水蒸气蒸馏、分馏。蒸馏以及分馏原理与操作知识将在第二章详细介绍。图 1-3 是简单蒸馏和分馏装置。

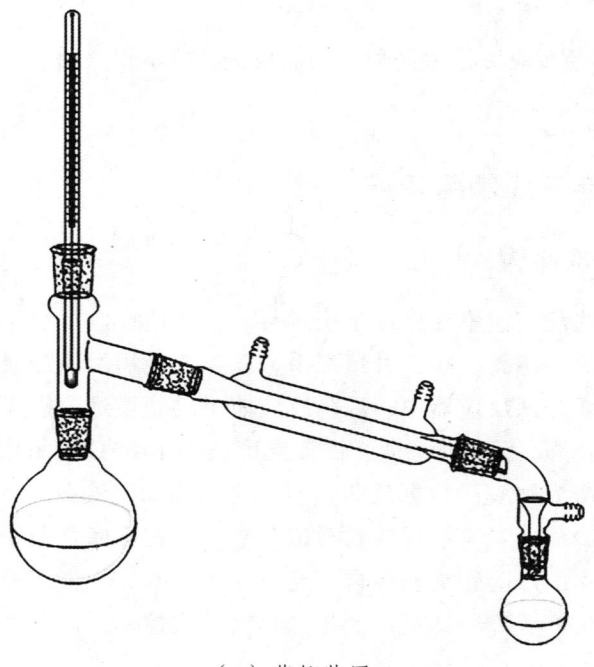

(a) 蒸馏装置

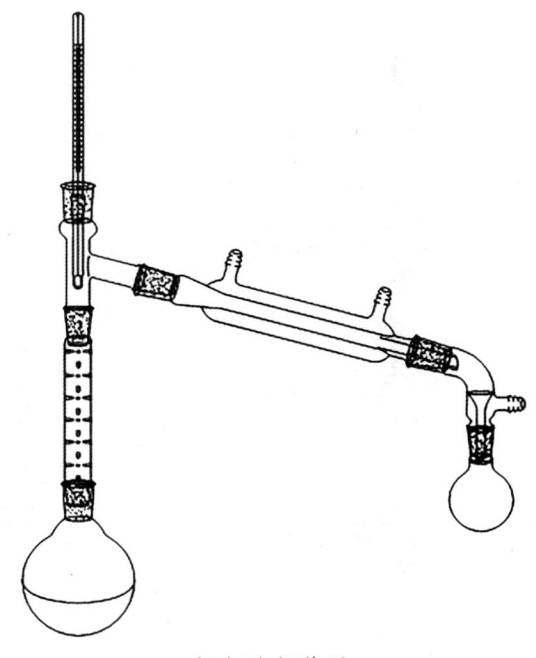

(b)分馏装置

图 1-3　蒸馏和分馏装置

(三) 分离提取装置

有机化学实验过程中,经常要进行物质的分离、提取、纯化,减压抽滤、萃取、柱层析、升华等仪器装置可以实现上述目的(图 1-4)。采用固-液分离装置,通过简单过滤操作可以除去不溶于溶剂的杂质或将固体产物从液体中分离出来。萃取是利用物质在不互溶(或微溶)的两种溶剂中溶解度或分配比的不同来实现有机物分离的操作,所用仪器为液-液萃取分离装置。升华是提纯固体化合物的又一种方法,适用于被提纯固体化合物具有较高的蒸气压,而其他杂质的蒸气压较低,如从茶叶中提取咖啡因可用图 1-4 中的固-固分离装置。

三、仪器的装配

仪器装配正确与否,对于实验的成败有很大关系。

首先,在装配一套装置时,所选用的玻璃仪器和配件都要干净;否则,往往会影响产物的产量和质量。

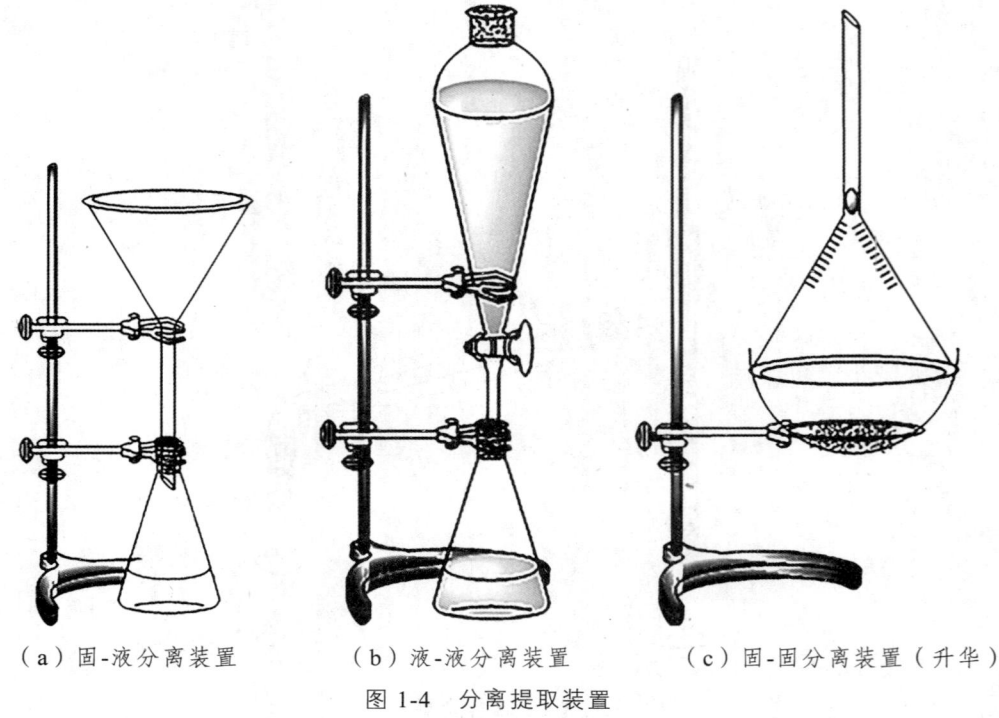

（a）固-液分离装置　　　（b）液-液分离装置　　　（c）固-固分离装置（升华）

图 1-4　分离提取装置

其次，所选用的器材要恰当。例如，在需要加热的实验中，如需选用圆底烧瓶时，应选用质量好的，其容积大小应为所盛反应物占其容积的 1/2 左右为好，最多不超过 2/3。

最后，装配时，应首先选好主要仪器的位置，按照一定的顺序逐个装配起来，先下后上，从左至右。在拆卸时，按相反的顺序逐个拆卸。

仪器装配时要做到严密、正确、整齐和稳妥。在常压下进行反应的装置，应与大气相通，不能密闭。

铁夹的双钳内侧贴有橡皮或绒布，或缠上石棉绳、布条等。否则，容易将仪器损坏。

总之，使用玻璃仪器时，最基本的原则是切忌对玻璃仪器的任何部分施加过度的压力或扭歪。实验装置的扭歪不仅看上去使人感觉不舒服，而且也是潜在的危险。因为扭歪的玻璃仪器在加热时会破裂，有时甚至在放置时也会崩裂。

第四节　常用玻璃仪器的清洗、干燥与保养

一、玻璃器皿的洗涤

进行化学实验反应时，为避免杂质混入反应物中，实验所用仪器必须清洁干净。有机化学实验中常用的清洗玻璃仪器的方法是用长柄毛刷（试管刷）蘸上洗衣粉或去污粉刷洗润湿的仪器壁，直至玻璃表面的污物去除为止，最后再用自来水清洗。有时去污粉的微小颗粒会黏附在玻璃器皿壁上，不易被水冲走，此时可以用2%盐酸摇洗一次，再用自来水清洗，当仪器倒置时，器壁上不挂水珠，表明已洗干净。为了使清洗工作简单有效，最好在每次实验结束后，立即清洗使用过的玻璃仪器，因为当时清楚污物性质，可根据污垢的性质选用适当的洗液进行洗涤。如果是酸性或碱性的污垢，用碱性或酸性洗液洗涤；有机污垢用碱液或有机溶剂洗涤。下面介绍几种常用洗液：

（一）酸/碱洗液

已知瓶中残渣为碱性时，可用稀盐酸或稀硫酸洗涤；反之，酸性残渣可用稀的氢氧化钠溶液去除。用浓盐酸可以洗去附着在器壁上的碱性物质及大多数无机物残渣，如二氧化锰或碳酸盐等污垢。废液需倒入指定回收容器，不可倒入下水道。

（二）有机溶剂洗涤液

胶状或焦油状的有机污垢如用上述方法不能洗去时，可选用丙酮、乙醚、苯浸泡，或用10% NaOH的乙醇溶液，要加盖以免溶剂挥发。用有机溶剂做洗涤剂，使用后可回收，重复使用。

（三）铬酸洗液

铬酸洗涤液是由浓硫酸和重铬酸钾配制而成，具有强酸性和强氧化性，适用于洗涤有无机物玷污和器壁残留少量油污的玻璃仪器。首先倾去器皿内的水，慢慢倒入铬酸洗液，转动器皿，使洗液充分浸润不干净的器壁，数分钟后把洗液倒回洗液瓶中，用自来水冲洗。若壁上粘有少量炭化残渣，可加入少量洗液，浸泡一段时间后在小火上加热，直至冒出气泡，炭化残渣可被除去。但当洗液颜色变绿，表示失效，应该弃去，不能倒回洗液瓶中。废液需倒入指定回收容器，不可倒入下水道。由于铬的毒性大，对环境和水质造成污染，最好选用其他方法。

不允许盲目使用各种化学试剂和有机溶剂来清洗仪器，这样不仅造成浪费，还可能带来危险与污染环境。

二、玻璃仪器的干燥

有机化学实验经常要使用干燥的玻璃仪器,因此,要养成在每次实验后马上把玻璃仪器洗净和倒置使之干燥的习惯,以便下次实验时使用。此外,有些有机化学实验需要在无水无氧条件下操作,需要对仪器进行彻底干燥。实验室中干燥玻璃仪器的方法有下列几种:

(一) 自然干燥

洗净后的玻璃仪器倒置,或倒插在架子上,让其自然晾干,这是常用和简单的方法。但某些有机反应,如格氏反应,要求反应瓶绝对无水,则应对所用仪器进行烘干处理。

(二) 烘箱干燥

实验室里采用烘箱干燥是最通用的一种方法。将洗净倒干水后的玻璃器皿,器皿口向下,按顺序从上层往下层放入烘箱烘干。带有磨砂口玻璃塞的仪器,必须取出活塞才能烘干,烘箱内的温度保持 100～150 ℃,约半小时。从烘箱中取出玻璃仪器时,应待烘箱内的温度降低后才能取出。当烘箱已工作时不能往上层放入湿的器皿,以免水滴下落,使热的器皿骤冷而破裂。用于无水无氧反应的仪器,需 120 ℃ 以上烘干过夜,趁热取出来,惰性气氛下自然冷却。

(三) 热气流干燥

有时仪器洗涤后需立即使用,可用气流干燥器或电吹风把仪器吹干。首先将水尽量沥干后,依次加入少量乙醇、丙酮摇洗并倾出,先通入冷风吹去大部分溶剂,再吹入热风至完全干燥为止,最后吹入冷风使仪器逐渐冷却。

三、常用仪器的保养

有机化学实验常用各种玻璃仪器的性能是不同的,必须掌握它们的性能、保养和洗涤方法,才能正确使用,提高实验效果,避免不必要的损失。下面介绍几种常用的玻璃仪器的保养和清洗方法。

(一) 温度计

温度计水银球部位的玻璃很薄,容易破损,使用时要特别小心。不能把温度计当搅拌棒使用;不能测定超过温度计最高刻度的温度或把温度计长时间放在高温的溶剂中,否则会使水银球变形,读数不准。温度计用后要让它慢慢冷却,特别在测量高温之后，切不可立即用水冲洗，否则会使水银球破裂或水银柱断裂，应悬挂在铁架台上，待冷却后把它洗净抹干，放回温度计盒内，盒底要垫上一小块棉花。如果是纸盒，放回温度计时要检查盒底是否完好。

（二）冷凝管

冷凝管通水后很重，安装冷凝管时应将夹子夹在冷凝管重心的地方，以免翻倒。洗刷冷凝管时要用特制的长毛刷。用洗涤液或有机溶液洗涤时，则用软木塞塞住一端。不用时，应直立放置，使之易干。冷凝管分为直形冷凝管、空气冷凝管、球形冷凝管和蛇形冷凝管。

（三）蒸馏烧瓶

蒸馏烧瓶的支管容易碰断，因此，无论在使用时或放置时都要特别注意保护蒸馏烧瓶的支管，支管的熔接处不能直接加热。其洗涤方法和烧瓶的洗涤方法相同，参阅无机化学实验。

（四）分液漏斗

分液漏斗的活塞和盖子都是磨砂口的，若非原配，可能不严密，所以，使用时要注意保护。各个分液漏斗之间也不要相互调换，用后一定要在活塞和盖子的磨砂口间垫上纸片，以免日久后难于打开。

（五）砂芯漏斗

砂芯漏斗在使用后应立即用水冲洗，不然，难于洗净。滤板不太稠密的漏斗可用强烈的水流冲洗，如果是较稠密的，则用抽滤的方法冲洗。必要时用有机溶剂洗涤。

第五节　实验预习、记录和报告的基本要求

一、实验预习的基本要求

实验预习是学生进入实验室前必须完成的一项实验准备工作。充分仔细的预习是做好有机化学实验的前提。通过实验预习，要明确实验的目的和要求，了解实验室安全规则。仔细阅读实验内容，充分领会实验原理，了解有关实验步骤和注意事项外，通过查阅资料，了解有关化合物的物理常数，熟悉所用试剂的性质和仪器使用方法，还需在实验记录本上写好预习提纲。以制备实验为例，预习提纲包括以下内容：

1. 实验目的；
2. 主反应和重要副反应的反应方程式；
3. 原料、产物的物理常数，原料用量及单位（g，mL，mol），计算理论产量；
4. 正确而清楚地画出装置图；
5. 用图表形式表示实验步骤。

例如，环己烯的制备步骤如图 1-5 所示。

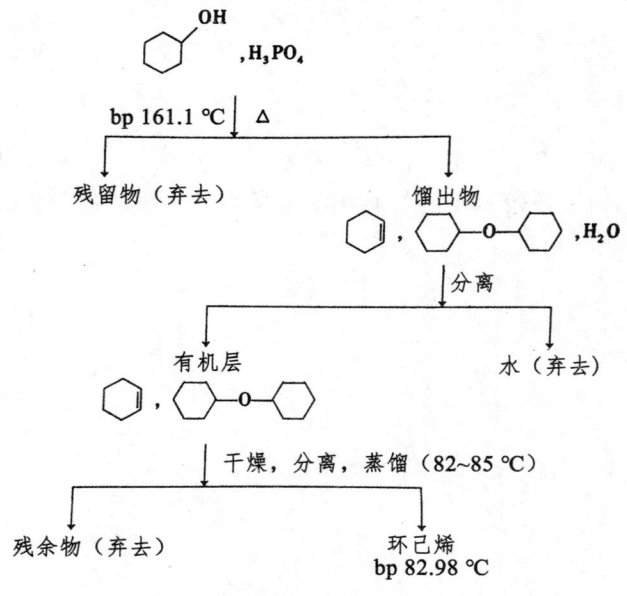

图 1-5　环己烯的制备步骤

6. 思考各步操作的目的，弄清本次实验的关键、难点以及可能出现的安全问题；
7. 安排好时间。

二、实验记录的基本要求

实验记录是科学研究的第一手资料，是整理实验报告和研究论文的根本依据。记录的准确性、完整与否，直接影响到对实验结果的分析。实验记录要求实事求是，文字简明扼要，字迹整洁，实验结束后交教师审阅签字。

1. 每一步操作所观察到的现象，如反应温度的变化、体系颜色的改变、固体的溶解、结晶或沉淀的生成或消失、有否放热或有气体放出等。
2. 实验中测得的各种数据及时如实地记录在记录本中，如沸程、熔点、比重、折光率、称量数据（质量或体积）等。
3. 产品的色泽、晶形等。
4. 实验操作中的失误，如抽滤中的失误、粗产品或产品的意外损失等。

三、实验报告的基本要求

实验报告是在实验结束后对实验过程的情况总结、归纳和整理，是对实验现象和结果进行分析和讨论，是感性认识提高到理性认识的必要步骤。实验报告包括实验的目的要求、反应式、主要试剂的规格、用量（指合成实验）、实验步骤和现象、产率计算、讨论等。要如实记录填写报告，文字精练，图要准确，讨论要认真。关于实验步骤的描述，不应照抄书上的实验步骤，应该对所做的实验内容做概要的描述。实验报告应包括如下内容：

实验题目
1. 实验目的；
2. 反应式；
   主反应：
   副反应：
3. 主要试剂及产物的物理常数；
4. 仪器装置图；
5. 实验步骤流程与现象记录；
6. 产品外观、质量、产率；
7. 讨论；
8. 思考题。

第二章
基本操作和实验技术

实验一　加热与冷凝

一、加　热

有机反应的速率一般随温度升高而加快。温度每升高 10 ℃，反应速率平均增加 1～2 倍。为了加速有机反应，往往需要加热。此外，有机化学实验的许多操作，如蒸馏、重结晶、去除溶剂等都需要用到加热。

由于有机试剂的易燃性和易挥发性，以及局部过热会引起有机物的分解，在有机实验过程中，不易采用明火或直接火为热源。根据加热的温度、升温的速度需要并保证受热均匀，一帮使用热浴间接加热。常用传热介质有水、空气、有机液体、沙子等。

（一）水　浴

水浴适合反应温度为 60～100 ℃，可将容器浸入水浴中。加热液面应略高于容器中的液面。为使受热均匀，勿使容器接触水浴器壁或底部。若需长时间加热，水浴器中的水会汽化蒸发，可采用电热恒温水浴，还可在水面上加几片石蜡，石蜡受热熔化铺在水面上，也可将铝箔纸覆盖在水浴器开口部分，以减少水的蒸发。当使用到金属钠、钾等遇水会激烈反应的试剂时，严禁在水浴上加热，以免反应瓶破裂，发生事故。

（二）空气浴

空气浴就是让热源把局部空气加热，空气再把热能传导给反应器。电热套加热，就是简便的空气浴加热。使用电热套时，要使反应瓶外壁与电热套内壁保持 2 mm 左右的距离，以便利用空气传热和防止局部过热。最高加热温度约 400 ℃。空气浴受热仍不够均匀，故不能用于回流低沸点易燃的液体或减压蒸馏。

（三）油　浴

油浴加热温度在 100～250 ℃。油浴优点是反应物受热均匀，反应物的温度一般低于油浴液温度 10~20 ℃。实验室常用油浴液体为甘油、植物油、石蜡、石蜡油、硅油等。

1. 甘油。可加热到 140~150 ℃，温度过高会导致甘油分解。

2. 植物油，如菜油、蓖麻油、花生油等。可加热到 220 ℃，常加入 1%对苯二酚等抗氧化剂，便于久用。若温度过高，也会导致植物油分解，达到闪点时可能燃烧起来，用时要小心。

3. 石蜡。能加热到 200 ℃ 左右，冷却至室温时会凝固，便于保存。

4. 石蜡油。可加热到 200 ℃ 左右，温度稍高并不分解，但较易燃。

5. 硅油。硅油加热到 250 ℃ 仍然稳定，透明性好，安全，是实验室中最常用的油浴之一；缺点是价格较贵。

用油浴时要特别小心，防止着火，当油浴冒烟时，应立即停止加热。油浴所用的油中，不能溅入水，否则加热时会产生泡沫或爆溅。油浴中应插入一根温度计，可观看油浴的温度和有无过热现象，便于控制温度。使用油浴时要特别注意防止油蒸气污染环境和引起火灾；油也不能过多，否则受热后溢出有引起火灾的危险。

（四）沙　浴

沙浴一般是用铁盆装干燥的细海沙或河沙，把反应器半埋浴于沙中加热。加热沸点在 80 ℃ 以上的液体时可采用，特别适用于加热温度在 250 ℃ 以上的反应。由于沙子导热能力较差，且散热较快，所以容器底部与沙浴接触的砂层要薄些。沙浴中插入温度计时，温度计水银球要靠近反应瓶。

除以上几种加热方式外，还有电热板、溶盐浴、金属浴等。无论采取何种方法加热，都要求加热均匀而稳定，尽量减少热量损失。

二、冷　却

有机化学反应中为避免不需要的副反应，或者为使放热反应变得容易控制，能够平稳进行，有时需要采用某种冷却剂进行冷却操作，使反应在较低温度下进行。此外，有些反应中间体在室温下不稳定，也需要对反应体系进行冷却。重结晶时，冷却可提高固体产物的收率，并使结晶易于析出。实验室中常见冷却方式有以下几种：

（一）冰水冷却

将反应物冷却的最简单方法是把盛有反应物的容器浸入冷水中冷却。有些反应必须在低温下进行，这时最常用的冷却剂是冰或冰水混合物。冰水混合物能与器壁充分接触，冷却效果比单用冰好。若有水存在不妨碍反应的进行，也可把冰块直接投入反应物中，这样可以更有效地保持低温。

（二）冰盐浴冷却

要在低于 0 ℃ 以下进行操作时，常用不同比例的碎冰和无机盐混合物作为冷却剂（表 2-1 列出了常用冷浴冰/盐混合物以及最低温度）。也可以把盐磨细，把冰砸碎，以使盐均匀包在冰块上。在使用过程中，应随时搅拌。

表 2-1　常用冷浴冰/盐混合物以及最低温度

冰/盐混合物	最低温度/℃	冰/盐混合物	最低温度/℃
100 g 冰/100 g 水	0	100 g 冰/81 g $CaCl_2 \cdot 6HO$	-21.5
100 g 冰/20 g $CaCl_2 \cdot 6HO$	-4	100 g 冰/63.9 g NaBr	-28
100 g 冰/28.2 g $BaCl_2$	-7	100 g 冰/61 g $MgCl_2 \cdot 6HO$	-33
100 g 冰/41 g $CaCl_2 \cdot 6HO$	-9	100 g 冰/122 g $CaCl_2 \cdot 6HO$	-40
100 g 冰/61.3 g $(NH_4)_2SO_4$	-19	100 g 冰/143 g $CaCl_2 \cdot 6HO$	-55
100 g 冰/29.9 g NaCl	-21		

（三）干冰/有机溶剂冷却

干冰是固体二氧化碳，与适当的有机溶剂混合，可得到更低的温度（表 2-2 列出了常用干冰/有机溶剂以及最低温度）。干冰/有机溶剂冷却剂需要在杜瓦瓶中，或其他绝热效果好的容器中使用，以保持其冷却效果。

表 2-2　常用干冰/有机溶剂以及最低温度

干冰/有机溶剂混合物	最低温度/℃	干冰/有机溶剂混合物	最低温度/℃
干冰/乙腈（黏稠物）	-41	干冰/三氯甲烷（液体）	-77
干冰/氯苯（黏稠物）	-45	干冰/丙酮（液体）	-77
干冰/二甘醇二乙醚（黏稠物）	-52	干冰（固体）	-78
干冰/正辛烷（黏稠物）	-56	干冰/乙醚（黏稠物）	-100
干冰/异丙醚（黏稠物）	-60	干冰/环己烷（黏稠物）	-104
干冰/乙醇（液体）	-72	干冰/正戊烷（黏稠物）	-131

（四）液氮/有机溶剂冷却

液氮可冷至 -196 ℃。液氮与适当的有机溶剂混合，也可得到更低的温度（表 2-3 列出了常用液氮/有机溶剂混合物以及最低温度）。液氮/有机溶剂冷却剂也需要在杜瓦瓶中，或其他绝热效果好的容器中使用，以保持其冷却效果。

表 2-3 常用液氮/有机溶剂混合物以及最低温度

液氮/有机溶剂混合物	最低温度/°C	液氮/有机溶剂混合物	最低温度/°C
液氮/乙腈（黏稠物）	-41	液氮/正己烷（黏稠物）	-94
液氮/氯苯（黏稠物）	-45	液氮/甲醇（黏稠物）	-78
液氮/正辛烷（黏稠物）	-56	液氮/环己烷（黏稠物）	-104
液氮/三氯甲烷（黏稠物）	-63	液氮/丙醇（黏稠物）	-127
液氮/乙酸乙酯（黏稠物）	-84	液氮/正戊烷（黏稠物）	-131
液氮/正丁醇（黏稠物）	-89	液氮（液体）	-196

干冰/有机溶剂、液氮/有机溶剂冷却方式，都需要在通风橱里进行。通常是将纯有机溶剂放入清洁的杜瓦瓶中，液体量不超过容积的 3/4，缓慢加入干冰或液氮，并用一根结实的搅拌棒迅速搅拌，最后制得黏稠的混合物。

实验二　干燥与干燥剂

一、基本原理

干燥是指除去固体、液体或气体内少量水分的方法。有机化学实验中，几乎所做的每一个实验都会遇到试剂、溶剂和产品的干燥问题。所以干燥是有机化学实验中最普遍也是最重要的一项操作。

有机化合物的干燥方法，大致可分为物理方法和化学方法。物理方法如吸附（包括离子交换树脂法和分子筛吸附法）、共沸蒸馏、分馏、冷冻、加热、真空干燥等。化学法按去水作用的方式，又可将干燥剂分为两类，一类干燥剂与水能可逆地结合生成水合物，从而去除液态有机物中所含的少量水，如氯化钙、硫酸钠、硫酸镁等；第二类干燥剂是与水起化学反应，如金属钠、五氧化二磷等。

第一类干燥剂：干燥剂（固体）+ H_2O $\rightleftharpoons$ 干燥剂·nH_2O（固体）

第二类干燥剂：P_2O_5（固体）+ H_2O $\rightleftharpoons$ $2H_3PO_4$

使用干燥剂时要注意以下几点：

1. 干燥剂与水的反应为可逆反应时，反应达到平衡需要一定时间。因此，加入干燥剂后，一般最少需要 2 h 或更长时间才能达到较好的干燥效果。因为反应可逆，不能将水完全去除，故干燥剂的用量要适中，一般为溶剂体积的 5%。

2. 干燥剂只能用于去除有机化合物中少量的水，如含水量较多，须在干燥前设法去除。

3. 使用第一类干燥剂，温度升高会使平衡向脱水方向移动，所以蒸馏前必须将干燥剂过滤去除；第二类干燥剂，蒸馏前可以不过滤。

二、液体有机化合物的干燥

从水溶液中分离出的液体有机化合物会含较多水分，如不经过干燥处理，直接蒸馏、分馏，会增加前馏分，产物也有可能与水形成共沸物。此外，水分还可能和有机物发生化学反应，影响产物纯化。因此，蒸馏前一般都要进行干燥、过滤操作。

（一）干燥剂的选择

常用干燥剂有很多种，选择时需注意以下几点：

1. 干燥剂须不与被干燥液体发生化学反应或起催化作用。酸性物质不能用碱性干燥剂，碱性物质不能用酸性干燥剂。氯化钙易与醇类、胺类形成配合物，氧化钙、氢氧化钠等强碱性干燥剂能催化醛、酮类化合物发生缩合、自动氧化等反应，也能使酯类或酰胺类化合物发生水解反应。

2. 干燥剂须不溶于被干燥液体。氢氧化钠、氢氧化钾能溶于低级醇。

3. 当干燥剂能与水结合成水合物时，须考虑干燥剂的吸水容量和干燥效能。吸水容量指单位质量干燥剂所吸收的水量；干燥效能指达到平衡时液体干燥的程度。对于形成水合物的无机盐干燥剂，常用吸水后结晶水的蒸气压来表示。例如无水硫酸钠形成 10 个结晶水的化合物，即 1 g 硫酸钠最多吸收 1.25 g 水，其吸水容量 1.25。氯化钙最多形成 6 个结晶水的水合物，吸水容量 0.97。两者在 25 ℃ 时，水蒸气压分别为 0.26 kPa、0.04 kPa。因此，硫酸钠吸水容量较大，但干燥效能弱；氯化钙吸水容量小，但干燥效能强。通常第一类干燥剂的干燥效能低于第二类干燥剂，但吸水量大。因此，在干燥含水量较多而不易干燥的化合物时，常先用吸水容量较大的第一类干燥剂除去大部分水，再选用干燥效能强的第二类干燥剂去除微量的水。常用干燥剂的性能与应用范围见表 2-4。

表 2-4 常用干燥剂的性能与应用范围

干燥剂	吸水作用	吸水容量	干燥效能	干燥速度	应用范围
氯化钙	$CaCl_2 \cdot 6H_2O$	0.97	中等	较快	不能用于醇、酚、胺、酰胺以及某些醛、酮
硫酸镁	$MgSO_4 \cdot 7H_2O$	1.05	较弱	较快	中性，可以用于干燥酯、醛、酮、腈、酰胺
硫酸钠	$Na_2SO_4 \cdot 10H_2O$	1.25	弱	缓慢	中性，用于液体初步干燥
硫酸钙	$CaSO_4 \cdot 10H_2O$	0.06	强	快	中性，与硫酸镁（钠）配合使用，用于最后干燥
碳酸钾	$K_2CO_3 \cdot 0.5H_2O$	0.2	较弱	慢	弱碱，用于干燥醇、酮、酯、胺、杂环
浓硫酸	吸水	—	高	快	酸性，用于干燥卤代烃、脂肪烃
氢氧化钠	溶于水	—	中等	快	强碱，用于干燥胺、杂环等碱性化合物
金属钠	与水反应	—	强	快	限用于干燥醚、烃类
氧化钙	与水反应	—	强	快	适于干燥低级醇
五氧化二磷	与水反应	—	强	快	适于干燥醚、烃、卤代烃、腈
3A/4A 分子筛	物理吸附水	0.25	强	快	适于干燥各种有机物

（二）干燥剂的用量

掌握好干燥剂的用量很重要。干燥剂量不足，达不到干燥目的；量太多，则因干燥剂吸附液体而造成损失。一般来说，含亲水性官能团的化合物，如醇、醚、胺等，所用的干燥剂要多些，而不含亲水性官能团的化合物，如烃类，干燥剂用量少。通常情况下，每 10 mL 液体需要 0.5~1 g 干燥剂。操作时，一般先加入少量干燥剂到液体中，摇晃容器，如出现干燥剂附着在器壁或相互黏结，说明干燥剂用量不足，应继续添加干燥剂，直至液体澄清，且摇动时干燥剂颗粒能自由悬浮移动。各类有机化合物常用干燥剂见表 2-5。

表 2-5 各类有机化合物常用干燥剂

有机化合物	干燥剂
烃	$CaCl_2$，$CaSO_4$，Na，P_2O_5
卤代烃	$CaCl_2$，$MgSO_4$，Na_2SO_4，P_2O_5
醇	K_2CO_3，CaO，$MgSO_4$，Na_2SO_4
醚	$CaCl_2$，Na，P_2O_5
醛	$MgSO_4$，Na_2SO_4
酮	K_2CO_3，$CaCl_2$，$MgSO_4$，Na_2SO_4
酸、酚	$MgSO_4$，Na_2SO_4
胺	KOH，$NaOH$，K_2CO_3，CaO
硝基化合物	$CaCl_2$，$MgSO_4$，Na_2SO_4

（三）液体有机化合物的干燥操作

液体有机化合物的干燥一般在干燥的锥形瓶内进行。按照条件选定适量的干燥剂加入液体中，震荡片刻，盖好塞子（用金属钠作为干燥剂时例外，容器口应插入一个无水氯化钙管，使氢气可放空而水汽不能进入容器中），静置，使水分被完全吸收，然后过滤，进行蒸馏或旋蒸。

三、固体有机化合物的干燥

从重结晶得到的固体常带水分或有机溶剂，应根据化合物的性质选择适当的方法进行干燥。

（一）晾　干

将需要干燥的固体放在表面皿上或培养皿中，尽量平铺成一薄层，再用滤纸或培养皿盖上，以免灰尘沾污，然后在室温下放置，直到干燥为止。

（二）红外灯干燥

固体中含有不易挥发的溶剂时，为了加速干燥，常用红外灯干燥。干燥的温度低于固体的熔点，干燥时可在样品旁放一支温度计，以便控制温度。要随时翻动固体，以防结块。对于常压下易升华或热稳定性差的固体，不能用红外灯干燥。

（三）烘箱干燥

烘箱只能用来干燥无腐蚀、无挥发性、加热不分解的物品。切忌将易挥发、易燃、易爆物放入烘箱内烘烤，以免发生危险。

实验室中常用的干燥方法还有干燥器干燥、真空干燥、冷冻干燥等。可根据需要，选择恰当的干燥方法。

实验三 萃 取

萃取是有机化学实验中用来提取或纯化有机物的常用操作方法之一。应用萃取可以从反应混合物或动植物中提取出所需要的物质,也可以用来洗去混合物中少量杂质。通常被萃取的是固态或液态物质。从液态物质中萃取所使用的仪器是分液漏斗。

一、萃取的基本原理

萃取是利用物质在两种互不相溶(或微溶)的溶剂中溶解度或分配系数的不同,使物质从一种溶剂中转移到另外一种溶剂中,经过反复多次萃取达到分离、提取、纯化目的的一种操作。

假设溶液由有机化合物 X 溶解于溶剂 A 而成,现要从溶液中提取 X,我们可选择一种对化合物 X 有较大溶解度,且不与溶剂 A 混溶,也不起化学反应的溶剂 B。把溶液放入分液漏斗中,加入溶剂 B,充分震荡。静置后,由于溶剂 A 和溶剂 B 不互溶,会分为两层。此时化合物 X 在溶剂 A 和溶剂 B 中的浓度记为 C_A 和 C_B。在一定温度下,C_A 与 C_B 的比为一常数 K。这种关系称为分配定理,K 为分配系数。

$$\frac{C_A}{C_B} = K$$

有机化合物在有机溶剂中一般比在水中溶解度大。用有机溶剂提取溶解于水的化合物是萃取的典型实例。在萃取时,若在水溶液中加入一定量的电解质(如氯化钠),利用"盐析效应"以降低有机物和萃取溶剂在水溶液中的溶解度,常可提高萃取效果。

当用一定量的溶剂从水溶液中萃取有机化合物时,通常萃取一次是不够的,必须重复萃取数次。利用分配定律的关系,可以算出经过 n 次萃取后,被萃取化合物在原溶液中的剩余量 m_n。假设原溶液体积为 V,每次所加萃取剂体积为 S,萃取前溶质的总量为 m_0,萃取第一次、第二次……第 n 次后溶质的剩余量分别为 m_1、m_2…m_n。则有

第一次萃取后:

$$\frac{\frac{m_1}{V}}{\frac{m_0 - m_1}{S}} = K \Rightarrow m_1 = m_0 \left(\frac{KV}{KV + S} \right)$$

第二次萃取后:

$$\frac{\frac{m_2}{V}}{\frac{m_1-m_2}{S}} = K \Rightarrow m_2 = m_1\left(\frac{KV}{KV+S}\right) = m_0\left(\frac{KV}{KV+S}\right)^2$$

$$\vdots$$

第 n 次萃取后：

$$\frac{\frac{m_n}{V}}{\frac{m_{n-1}-m_n}{S}} = K \Rightarrow m_n = m_{n-1}\left(\frac{KV}{KV+S}\right) = m_0\left(\frac{KV}{KV+S}\right)^n$$

例如，当有 4 g 正丁酸的 100 mL 水溶液，在室温下用 100 mL 甲苯萃取，已知道室温下该酸在水和甲苯中的分配系数 $K = 1/3$。先用 100 mL 甲苯进行一次萃取，该有机物在水溶液中的剩余量为

$$m_1 = 4 \times \left(\frac{\frac{1}{3}\times 100}{\frac{1}{3}\times 100 + 100}\right) = 1 \text{（g）}$$

如果 100 mL 甲苯分 3 次萃取，每次用 33.33 mL 甲苯，经过三次萃取后，该酸在水溶液中的剩余量为

$$m_3 = 4 \times \left(\frac{\frac{1}{3}\times 33.33}{\frac{1}{3}\times 100 + 33.33}\right)^3 = 0.5 \text{（g）}$$

从上面计算可看出，100 mL 甲苯一次萃取可提出 3.0 g 正丁酸，萃取率 75%，而分三次萃取，可提出 3.5 g 正丁酸，萃取率 87.5%。因此，同样体积的溶剂，分多次萃取比一次萃取的效率高。但连续提取的次数并不是无限的，当溶剂总量保持不变，萃取次数 n 增加，m_n 就要减小。当 $n > 5$ 时，增加萃取次数，m_n 与 m_{n-1} 的变化不大。因此，萃取操作，一般进行 3~5 次为宜。

选取萃取溶剂时，需要考虑以下几方面：

1. 萃取剂化学稳定性要好，与水或被萃取物不反应。
2. 根据相似相溶原理选择萃取剂，萃取物质在萃取剂中的溶解度要大，而杂质或其他组分在萃取剂中的溶解度要小。
3. 沸点不宜过高，萃取后易于回收。
4. 价格便宜，毒性小。

一般而言，难溶于水的物质用石油醚等萃取，较易溶者用乙醚或甲苯萃取。易溶于水的物质用乙酸乙酯或其他类似溶剂萃取。例如，用乙醚提取水中的草酸效果差，改用乙酸乙酯来萃取，则效果较好。

二、萃取操作技术

（一）液-液萃取

液-液萃取操作主要用分液漏斗进行。分液漏斗的体积应该选择比被提取液体积大 1~2 倍。

1. 准备工作。

取干净的分液漏斗（图 2-1），如旋塞为玻璃材质，需要在旋塞上均匀涂上一层薄薄的凡士林，再小心塞上旋塞并来回旋转数次，使凡士林均匀分布并透明。如旋塞为特氟龙材质，不需涂凡士林（分液漏斗上口顶塞不能涂凡士林）。加水检查旋塞、顶塞是否紧密。分液漏斗倒置或旋转旋塞时都必须不漏水。

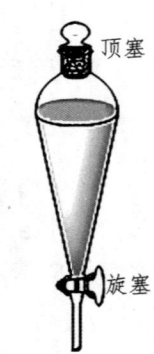

图 2-1　分液漏斗

2. 萃取。

关闭分液漏斗的旋塞，由分液漏斗上口倒入溶液和溶剂，液体总体积应不超过漏斗容积的 2/3，盖紧顶塞并封闭气孔。先用右手食指的末节或手掌将漏斗上端顶塞顶住，以防顶塞松开。再用大拇指、食指以及中指握住漏斗。左手的食指和中指夹住下口管，同时，食指和拇指控制旋塞（图 2-2）。将漏斗颈向上倾斜 30°~45°，用两手旋转振摇分液漏斗几秒钟后，仍保持漏斗的倾斜度，旋开旋塞，放出气体，使内外压力平衡。如漏斗内有易挥发有机溶剂（如乙醚），或有二氧化碳气体放出，更应该及时放气（最好振摇一次放气一次，放气时千万不能将气口对着自己或他人）。放气完毕，关闭旋塞，再进行振摇。如此重复 3~4 次至无明显气体放出，再剧烈振摇 2~3 min，将漏斗静置，待两层液体完全分开。一般密度大的在下层，密度小的在上层。如出现乳化现象，可通过长时间静置、加入饱和食盐水或更多萃取剂等方法使溶液分层。

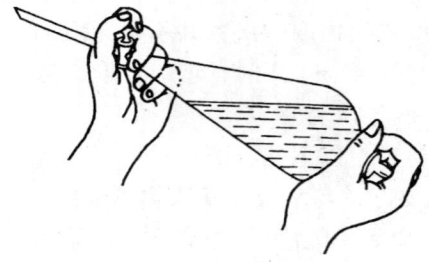

图 2-2　分液漏斗的操作

3. 分液。

两层液体完全分开后，将顶塞的凹缝与分液漏斗上口颈部的小孔对准或直接将顶塞取下。分液漏斗下端紧靠在接收瓶壁上，然后缓慢旋开旋塞，放出下层液体。放出液体时，可先快后慢，当液面界线接近旋塞时，关闭旋塞并手持漏斗颈稍加振摇，使黏附在漏斗壁上的液体下沉，再静置片刻，下层液体常稍有增多，再将下层液体小心放出。此操作可重复 2~3 次，以便把下层液体分净。当最后一滴下层液体通过旋塞孔时，关闭旋塞。待颈部液体流完，将上层液体从上口倒出。绝不可由旋塞放出上层液体，以免被残留在漏斗颈的下层液体所沾污。

4. 萃取液处理。

萃取液经干燥、过滤后，通过蒸馏或减压浓缩去除溶剂，即可分离得到萃取物。

（二）液-固萃取

液-固萃取原理与液-液萃取基本一致，常用方法有浸泡萃取、过滤萃取、连续提取、化学萃取等。其中，连续提取效率较高，所用仪器称索氏（Soxhlet）提取器（图2-3）。索氏提取器也称脂肪提取器，是利用萃取剂回流以及虹吸原理，使固体物质每一次都能被纯萃取剂所萃取。

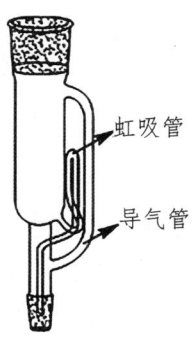

图 2-3　索氏提取器

使用索氏提取器时，首先将滤纸做成与提取器大小相适应、一端封闭的套袋，然后把固体混合物研细后放入滤纸套袋中，将套袋两端封闭，以免固体随萃取剂溢出。将封闭好的套袋放入提取器内，使套袋的高度稍微低于提取器虹吸管的顶端。加入适当萃取剂，索氏提取器下端与烧瓶相接，上端接冷凝管。加热回流，当萃取剂沸腾时，蒸气通过玻璃导气管上升，被冷凝管冷凝成液体，滴入提取器中，当萃取剂液面超过虹吸管的最高处，即虹吸流回烧瓶中，因而萃取出固体中溶于萃取剂的部分物质。这样利用萃取剂回流和虹吸作用，使固体中可溶物质富集到烧瓶中，然后用其他方法将萃取到的物质从萃取剂中分离出来。

实验四 蒸馏与分馏

一、实验目的

1. 掌握普通蒸馏、分馏的原理和操作方法，了解其意义。
2. 了解分馏的原理和意义。
3. 掌握蒸馏装置的装配和拆卸的规范操作。

二、实验原理

蒸馏和分馏是分离、提纯液态物质最重要的方法。最简单的蒸馏是通过加热使液体沸腾，产生的蒸气在冷凝管中冷凝下来并被收集在另一容器中的操作过程。液体分子由于分子运动有从表面逸出的倾向，这种倾向随温度的升高而加大，这就造成了液体在一定的温度下具有一定的蒸气压，与体系存在的液体和蒸气的绝对量无关。当液体的蒸气压与外界压力相等时，液体沸腾，即达到沸点。每种纯液态化合物在一定压力下具有固定的沸点。利用蒸馏可将沸点相差较大（>30 ℃）的液体混合物分开。但对沸点相差较小（< 30 ℃）的混合物，需要采用分馏进行分离纯化。

分馏就是利用分馏柱来实现"多次重复"的蒸馏过程。当混合物的蒸气进入分馏柱时，由于柱外空气的冷却，蒸气中高沸点的组分易被冷凝，所以冷凝液中就含有较多高沸点物质，而蒸气中低沸点的成分就相对地增多。冷凝液向下流动时又与上升的蒸气接触，两者之间进行热量交换，使上升蒸气中高沸点的物质被冷凝下来，低沸点的物质仍呈蒸气上升；在冷凝液中低沸点的物质则受热气化，高沸点的物质仍呈液态。如此经多次液相与气相的热交换，低沸点的物质不断上升最后被蒸馏出来，高沸点的物质则不断流回烧瓶中，从而将沸点不同的物质分离。分馏是分离、提纯沸点接近的液体混合物的一种重要的方法。

三、实验仪器及试剂

仪器：圆底烧瓶，直形冷凝管，接引管，锥形瓶，蒸馏头，温度计套管，150 ℃温度计，量筒。

试剂：30 mL 95% 乙醇。

四、实验流程图（图 2-4）

图 2-4 蒸馏实验流程

五、实验装置图

（一）蒸馏和分馏装置（图 2-5）

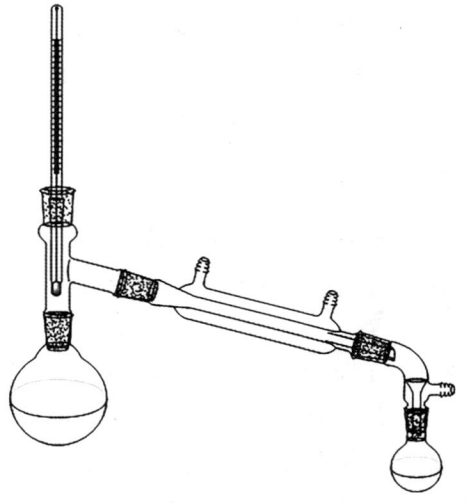

（a）蒸馏装置

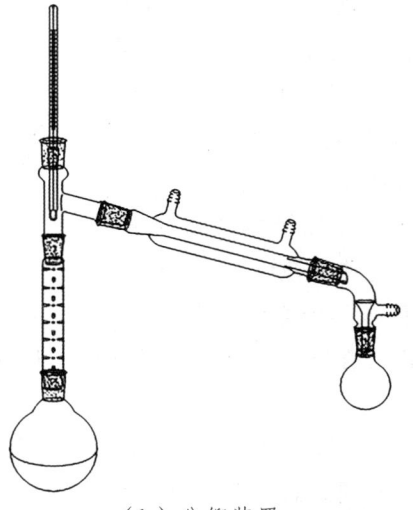

（b）分馏装置

图 2-5 蒸馏和分馏装置

蒸馏仪器主要包括三部分：

1. 汽化部分：由圆底烧瓶、蒸馏头、温度计组成。液体在瓶内受热汽化，蒸气经蒸馏头侧管进入冷凝器中。蒸馏瓶的大小一般选择待蒸馏液体的体积不超过其容量的 1/2，也不少于 1/3。

2. 冷凝部分：由冷凝管组成，蒸气在冷凝管中冷凝成为液体，当液体的沸点高于 140 ℃ 时选用空气冷凝管，低于 140 ℃ 时则选用水冷凝管（通常采用直形冷凝管而不采用球形冷凝管）。冷凝管下端侧管为进水口，上端侧管为出水口，安装时应注意上端出水口侧管应向上，保证套管内充满水。

3. 接收部分：由接液管、接收器（圆底烧瓶或梨形瓶）组成，用于收集冷凝后的液体，当所用接液管无支管时，接液管和接收器之间不可密封，应与外界大气相通。

热源：当液体沸点低于 80 ℃ 时通常采用水浴，高于 80 ℃ 时采用封闭式的电加热器配上调压变压器控温。

（二）仪器安装要点

1. 蒸馏烧瓶大小的选择：视待蒸馏液体的体积而定。通常为蒸馏液体的体积占蒸馏烧瓶容量的 1/3~2/3。加料时不能直接从蒸馏头上口倒入，应用长颈漏斗或卸下圆底烧瓶加料。

2. 冷凝管的选择：蒸（分）馏用的冷凝管主要有直形冷凝管及空气冷凝管，若被蒸馏物质的沸点低于 140 ℃，使用直形冷凝管，在夹套内通冷却水。若被蒸馏物质的沸点高于 140 ℃，直形冷凝管的内管及外管接合处易发生爆裂，故应改用空气冷凝管。

3. 以热源为基准，根据由下到上、由左到右（或由右到左）的原则，首先将装有待蒸馏物质的圆底烧瓶固定在铁架台上，然后插入蒸馏头，顺次连接冷凝管、接引管、锥形瓶，最后插入温度计套管和温度计。在同一桌面上，安装两套蒸馏装置时，必须是蒸馏瓶对蒸馏瓶（头对头），或锥形瓶对锥形瓶（尾对尾），避免着火。

4. 温度计水银球的正确位置：水银球的上端与蒸馏头支管的下侧在同一水平面上，使水银球能完全被蒸气所包围。

5. 冷凝管通冷却水的方向应从冷凝管的下端进水，上端出水，并且上端的出水口应朝上，以保证冷凝管的夹层中充满水。

6. 仪器安装完成后，检查各个磨口是否紧密相连，防止漏气。无论从正面或侧面来观察，全套仪器的轴线都应在同一平面内，铁架台应整齐地放在仪器的背部，做到美观端正、横平竖直。

7. 常压蒸馏必须与大气相通，不能把整个体系密闭起来，所以接引管的支管口不能堵塞。用不带支管的接引管时，接引管与接收瓶之间不能用塞子塞住。

8. 接收瓶可以用锥形瓶或梨形瓶、圆底瓶，但不能用烧杯等敞口的器皿来接受。

（三）操作要点

1. 将样品沿瓶颈缓慢倾入蒸馏烧瓶，加入数粒沸石，以便在液体沸腾时沸石内的小气泡成为液体汽化中心，保证液体平稳沸腾，防止液体过热而产生暴沸。然后按由下而上，从左往右依次安装好蒸馏装置。

2. 检查仪器的各部分连接是否紧密和妥善。

3. 接通冷凝水，开始加热，随加热进行，瓶内液体温度缓慢上升，瓶内液体逐渐沸腾，当蒸气的顶端到达温度计水银球部分时，温度计读数开始急剧上升。这时应适当控制加热程度，使蒸气顶端停留在原处，加热瓶颈上部和温度计，让水银球上液体和蒸气温度达到平衡，此时温度正是馏出液的沸点。然后适当加大加热程度，进行蒸馏，控制蒸馏速度，以每秒 1~2 滴为宜。蒸馏过程中，温度计水银球上应始终附有冷凝的液滴，以保持气液两相平衡，这样才能确保温度计读数准确。

4. 记录第一滴馏出液落入接收器的温度（初馏点），此时的馏出液是物料中沸点较低的液体，称"前馏分"。前馏分蒸完，温度趋于稳定后蒸出的就是较纯的物质（此过程温度变化非常很小），当这种组分基本蒸完时，温度会出现非常微小的回落（加热过快会出现温度不降反而快速上升），说明这种组分蒸完。记录这部分液体开始馏出滴一滴和最后一滴的温度，即该馏分的"沸程"。纯液体沸程一般不超过 1~2 ℃。

5. 当所需的馏分蒸出后，应停止蒸馏，不要将液体蒸干，以免造成事故。

6. 称量馏分和残液并记录。

7. 蒸馏结束后，先移去热源，冷却后停止通水，按装配时的逆向顺序逐件拆除装置。

六、实验步骤

（一）安装蒸馏装置并检漏

按图 2-5 装好蒸馏装置。仪器安装好后，应认真检查仪器各部位连接处是否严密。

（二）加　料

取下蒸馏烧瓶上口的塞子（或温度计套管），加入数粒沸石；取 30 mL 95%乙醇，通过玻璃漏斗倒入蒸馏烧瓶，注意漏斗的尖嘴部分的位置；塞好带温度计的塞子，再仔细检查一遍装置是否正确，各仪器之间的连接是否紧密，有没有漏气；通入冷却水。

（三）蒸馏并收集馏分

开启加热，边加热边注意观察蒸馏瓶里的现象和温度计水银柱上升的情况。加热一段时间后，液体沸腾，蒸气前沿逐渐上升，待达到温度计水银球时，温度计水银柱急剧上升，这时要适当调低温度，使温度略为下降，让水银球上的液滴和蒸气达到平衡，使蒸气不是立即冲出蒸馏烧瓶的支口，而是冷凝回流。此时，温度计水银球上应始终附有冷凝的液滴，以保持气液两相平衡。待温度稳定后再稍调高温度进行蒸馏。控制流出液滴以每秒 1~2 滴为宜。当温度计读数上升至 77 ℃ 时，换一个已称量过的干燥的接收瓶，收集 77~88 ℃ 馏分。

（四）后处理

蒸馏或分馏完毕，应先移走热源，待稍冷却后再关闭冷却水，以免发生倒吸现象。拆除仪器（其程序与装配时相反），洗净。

本实验需 4~6 h。

七、注意事项

1. 加沸石：如果加热后才发现没加沸石，应立即停止加热，待液体冷却后再补加，切忌在加热过程中补加；否则会引起剧烈的暴沸，甚至使部分液体冲出瓶外，有时会引起着火。当中途停止蒸馏，再重新开始蒸馏时，因液体已被吸入沸石的空隙中，再加热已不能产生细小的空气流而失效，必须重新补加沸石。

2. 温度计水银球的位置：水银球的上缘应与蒸馏头支管口的下缘在同一水平线上。

3. 蒸馏及分馏效果好坏与操作条件有直接关系，其中最主要的是控制馏出液流出速度，以每秒 1~2 滴为宜，不能太快，否则达不到分离要求。

4. 如果维持原来加热程度，不再有馏出液蒸出，温度突然下降时，就应停止加热，即使杂质量很少也不能蒸干，特别是低沸点液体更要注意不能蒸干，否则易发生意外事故。蒸馏或分馏完毕，先停止加热，后停止通冷却水。拆卸仪器，其程序和安装时相反。

5. 始终保证蒸馏体系与大气相通。

八、思考题

1. 什么是蒸馏、分馏？两者在原理、装置、操作方面有何异同？蒸馏的意义是什么？

2. 什么是暴沸？如何防止暴沸？

3. 蒸馏装置中温度计的位置是怎样的？蒸馏装置中温度计位置太高或太低对实验结果有何影响？

实验五　重结晶及熔点的测定

一、实验目的

1. 通过苯甲酸重结晶实验，理解固体有机物重结晶提纯的原理及意义。
2. 掌握热过滤、减压过滤等基本操作。
3. 掌握显微熔点测定法，了解熔点测定的意义。

二、基本原理

重结晶法是提纯固体有机化合物的一种很有用的方法。

重结晶提纯法的原理是利用混合物中各组分在某种溶剂中的溶解度不同，将被提纯物质溶解在热的溶剂中达到饱和（被提纯物质溶解度一般随温度升高而增大），趁热过滤除去不溶性杂质，然后冷却，由于溶解度降低，溶液变成过饱和，被提纯物质从溶液中结晶析出，让杂质全部或大部分仍留在溶液中，从而达到提纯目的。

重结晶提纯法的一般过程为：

选择溶剂→溶解固体→除去杂质→晶体析出→收集与洗涤晶体→干燥晶体

（一）溶剂的选择

在重结晶法中选择一种适宜的溶剂是非常重要的，否则达不到提纯的目的，它必须符合下面几个条件。

1. 不与被提纯物质起化学反应。
2. 被提纯的有机化合物应易溶于热溶剂中，而在冷溶剂中几乎不溶。
3. 对杂质的溶解度非常大（杂质留在母液中，不随被提纯物晶体析出，以便分离）或非常小（杂质在热过滤时被滤掉）。
4. 能给出较好的结晶。
5. 溶剂的沸点不宜太低，也不宜太高。若过低，溶解度改变不大，难分离，且操作困难；过高，附着于晶体表面的溶剂不易除去。
6. 廉价易得，无毒或毒性很小，回收率高，操作安全。

选择溶剂时，可根据溶解的一般规律，即相似相溶原理。溶质往往易溶于结构与其相似的溶剂中。通过查阅有关资料，查到某化合物在各种溶剂中不同温度的溶解度。在实际工作中往往通过试验来选择溶剂，试验方法如下：

取 0.1 g 被提纯物质的结晶置于一小试管中，用滴管逐滴滴加溶剂，并不断振摇，待加入的溶剂约为 1 mL 时，在水浴上加热至沸腾，完全溶解，冷却后析出大量结晶，这种溶剂一般被认为是合适的；如样品在冷却或加热时，都能溶于 1 mL 溶剂中，表示这种溶剂不适用。若样品不全溶于 1 mL 沸腾的溶剂中时，则可逐步添加溶剂，每次约加 0.5 mL，并加热至沸腾，若加入溶剂总量达 3~4 mL，样品在加热时仍然不溶解，表示这种溶剂也不适用。若样品能溶于 3~4 mL 以内的沸腾溶剂中，则将它冷却，观察有没有结晶析出，还可用玻璃棒摩擦试管壁或用冰水浴冷却，以促使结晶析出，若仍未析出结晶，则这种溶剂也不适用。若有结晶析出，则以结晶体析出的多少来选择溶剂。

按照上述方法逐一试验、比较不同的溶剂后，可以选用结晶收率好、操作简便、毒性小、价格低廉的溶剂来进行重结晶。如果难于找到一种合适的溶剂，可采用混合溶剂，混合溶剂一般由两种能以任何比例互溶的溶剂组成，被提纯物质在其中一种溶剂中溶解度较大，在另一种中的溶解度较小。混合溶剂的操作与使用单一溶剂时的情况相同。常见的溶剂有水、乙醇、丙酮、石油醚、四氯化碳、苯和乙酸乙酯等。一般常用的混合溶剂有乙醇与水、乙醇与乙醚、乙醇与丙酮、乙醚与石油醚、苯与石油醚等。

（二）固体物质的溶解

通常先将待重结晶的粗产物放入烧瓶中，加入比计算量稍少的溶剂，加热至沸腾（若采用的溶剂是水或不可燃、无毒的有机液体，只需在锥形瓶或圆底烧瓶上盖上表面皿即可。但当采用的溶剂是低沸点、易燃或有毒的有机液体时，必须选用回流装置）。若仍有不溶固体，则保持沸腾下添加溶剂，直到样品全部溶解。最后再多加 20% 的溶剂将溶液稀释，否则热过滤时，由于溶剂的挥发或温度的下降，被提纯物溶解度降低而析出晶体。如果溶剂过量，难析出晶体，需要将溶剂蒸出一些。若溶液有颜色，则需加入 1%~5% 活性炭，煮沸 5~10 min 脱色。

在溶解过程中，有时会出现油状物，这对物质的纯化很不利，因为杂质会伴随析出，并夹杂少量溶剂。可选用沸点低于溶质熔点的溶剂；或对于低熔点物质，不能选出沸点低的溶剂，则在比熔点低的温度下溶解固体，从而避免油状物现象发生。

（三）杂质的除去

溶液中如有不溶杂质，因趁热过滤，为防止过滤过程中由于温度降低析出晶体，可预先将过滤漏斗加热，再进行抽滤。必要时可使用双层滤纸，以防滤纸破裂。有颜色的溶液，用活性炭脱色，如一次脱色不好，可再用少量活性炭重新脱色。

（四）晶体析出

将趁热过滤收集的滤液静置，让它缓慢地自然冷却下来，一般在几小时后才能完全。冷却过程中不要振摇滤液，更不要将其浸在冷水甚至冰水中快速冷却；否则往往得到细小的晶粒，表面上容易吸附较多杂质。但也不要使形成的晶粒过大，晶粒过大往往有母液和杂质包在结晶内部。当发现有生成大晶粒的趋势时，可缓慢振摇，以降低晶粒的大小。

如果溶液冷却后不结晶，可用投"晶种"或用玻璃棒摩擦器壁引发晶体形成。

如果被纯化物不析出晶体，而得到油状物，其原因之一是热的饱和溶液的温度比被提纯物质的熔点高或接近。油状物中含杂质较多，可加热至成清液后，让其自然冷却至开始有油状物析出时，立即剧烈搅拌，使油状物分散，也可搅拌至油状物消失。

（五）收集与洗涤晶体

把结晶从母液中分离出来，通常采用减压过滤（抽滤）。抽滤前先用少量溶剂将滤纸润湿，轻轻抽气，使滤纸紧紧贴在漏斗上，继续抽气，把要过滤的混合物倒入漏斗中，使固体物质均匀地分布在整个滤纸面上，用少量滤液将粘附在容器壁上的结晶洗出转移至漏斗中。抽滤至无滤液流出时，用玻璃瓶塞倒置在结晶表面上并用力挤压，尽量除去母液。滤得的固体，习惯叫滤饼。为了除去结晶表面的母液，应洗涤滤饼。洗涤前将连接抽滤瓶的橡皮管拔开，把少量溶剂均匀地洒在滤饼上，使全部结晶刚好被溶剂盖好为度，重新接上橡皮管，把溶剂抽去，重复操作2次，就可把滤饼洗净。

（六）干燥晶体

从重结晶得到的固体，常带有水分或有机溶剂，因根据化合物的性质选择适当的方法进行干燥。

1. 晾干：将抽干的晶体转移至一张滤纸上面，薄薄地摊开，再用另外一张滤纸盖上，让它在空气中慢慢地晾干。

2. 加热烘干：对热稳定的固体化合物，放在烘箱或红外干燥箱内干燥，加热温度应低于该固体熔点10 ℃左右，以免固体变色或分解。

3. 干燥器干燥：对易吸湿，或在较高温度干燥时会分解或变色的固体，可放入干燥器干燥或放入真空干燥器里常温降压干燥。

（七）熔点及其测定

晶体化合物的固液两态在大气压力下成平衡时的温度称为该化合物的熔点。纯粹的固体有机化合物一般都有固定的熔点，即在一定的压力下，固液两态之间的变化是非常敏锐的，自初熔至全熔（该熔点范围称为熔程），温度变化不超过1 ℃。如果该物质含有杂质，则其熔点往往比纯物质低，且熔程较长。故测定熔点对于鉴定纯粹有机物和定性判断固体化合物的纯度具有很大的价值。如果在一定的温度和压力下，将某物质的固液两相置于同一容器中，可能发生三种情况：固相迅速转化为液相；液相迅速转化为固相；固相、液相同时并存，它所对应的温度即为该物质的熔点。

测量方法：用显微熔点仪法测定固体的熔点，具体的操作过程为：在干净的载玻片上放微量晶体并盖一片载玻片，放在加热台上。调节反光镜、物镜和目镜，使显微镜焦点对准样品，开启加热器，先快速后慢速加热，温度快升至熔点时，控制温度上升的速度为每分钟12 ℃，当样品结晶棱角开始变圆时表示熔化已经开始，结晶形状完全消失时表示熔化已经结束。可以看到样品变化的全过程，如结晶失水、多晶的变化及分解。测完后停止加热，稍冷，用镊子拿走载玻片，将铝板盖在加热台上，可快速冷却，以便再次测试或收存仪器。

三、实验仪器及试剂

仪器：抽滤瓶，布氏漏斗，真空泵，表面皿，滤纸，玻璃棒。
试剂：苯甲酸（粗品），活性炭。

四、实验流程图（图2-6）

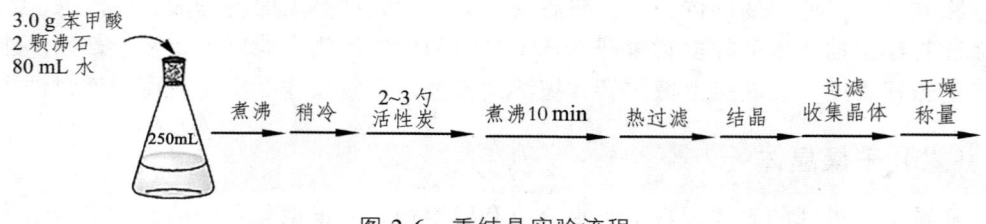

图 2-6　重结晶实验流程

五、实验装置图（图2-7）

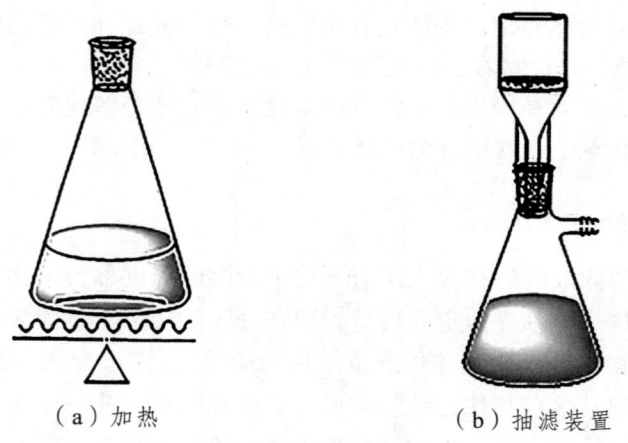

（a）加热　　　　　　　　（b）抽滤装置

图 2-7　重结晶装置

六、实验步骤

称取 3 g 粗苯甲酸，放入 250 mL 锥形瓶，加入 2 粒沸石和 80 mL 蒸馏水，加热至沸腾。搅拌使其完全溶解。稍冷，加入少量（2~3 勺）活性炭，搅拌后继续加热煮沸 5~10 min。用烘箱将布氏漏斗加热，用于热过滤。在加热好的布氏漏斗中放置好两层滤纸，接水龙头抽真空处管道，使滤纸紧贴漏斗。然后将上述沸腾的物质倒入布氏漏斗，开始减压抽滤；全部抽滤完后，用少量蒸馏水洗涤滤渣，滤液静置冷却使结晶析出，必要时可用冷水冷却。待结晶完全析出后，再次用布氏漏斗进行抽滤，并用少量冷凝水洗涤结晶，以除去结晶表面的母液。洗涤时，先从吸滤瓶上拔去橡皮管，然后加入少量冷蒸馏水，使结晶体均匀浸透，抽滤至干，如此重复洗涤 2 次。取出结晶，在 100 ℃ 烘干，称量，计算回收率。

本实验约需 4 h。

七、注意事项

1. 苯甲酸的溶解度为 5.9 g（100 g 水中，10 ℃），本实验制备的热溶液是不饱和的，是为了防止热过滤时结晶提前析出。

2. 活性炭可吸附有色杂质，使用时应控制量，一般为粗产品的 1%~5%。如果脱色不好，可多次重复操作。不可向正在或接近沸腾的溶液中加活性炭，以免溶液暴沸。

3. 如果要获得大颗粒结晶，需要将滤液在室温下放置，任其慢慢冷却。若冷却后仍无结晶析出，可采用以下方法处理：用玻璃棒摩擦容器内壁，造成粗糙面，提供结晶中心；加入少量结晶化合物的晶体作为晶种；用冰水浴冷却。

4. 防止倒吸。

5. 样品潮湿或含杂质时，会使熔点偏低，熔程变大。

6. 样品量太少不便观察，而且熔点偏低；太多会造成熔程变大，熔点偏高。

7. 升温速度应慢，让热传导有充分的时候。升温速度过快，熔点偏高。

八、思考题

1. 该实验为什么在粗苯甲酸全溶后，还要加少量蒸馏水？
2. 被溶解的粗苯甲酸为什么要趁热过滤？
3. 为什么滤液需在静置条件下缓慢结晶？
4. 冷却结晶时，是不是温度越低越好？
5. 重结晶时，为什么要加入活性炭？

实验六 无水无氧操作技术

在有机化学实验中,有许多试剂、反应对空气和水敏感,如丁基锂试剂、格氏试剂及其参与的反应等。因此,在制备和使用对空气、水敏感的试剂时,需要用到无水无氧操作技术。

无水无氧操作通常采用经过特殊设计的 Schlenk 仪器,在氮气、氩气、氦气等惰性气体保护中进行。常用惰性气体为高纯氮气(> 99.995%)。Schlenk 仪器的操作即 Schlenk 技术叙述如下。

一、双排管操作技术

双排管操作技术是 Schlenk 仪器操作技术最常用技术的。双排管装置由平行的两条玻璃管组成(图 2-8)。一条玻璃管用于通惰性气体,另一条连接真空泵。每根玻璃管分别具有 3~5 个支管。每个支管通过双斜三通旋塞连接。通过旋转旋塞可对体系进行抽真空和充惰性气体。两种操作互不影响,从而使体系达到实验所需的无水无氧环境要求。具体操作如下:

1. 先将要求除水除氧的仪器通过硅胶管与双排管相连。
2. 旋转双排管的双斜旋塞使体系与真空管相连抽真空。
3. 旋转双排管上双斜三通,使待处理系统与惰性气体管路相通,充惰性气体。
4. 重复抽真空-充惰性气体 3 次,可达到无水无氧操作条件。
5. 操作完毕,将反应器密封。
6. 转动双斜旋塞使大气与真空管相连,关闭真空泵。
7. 关闭惰性气体。

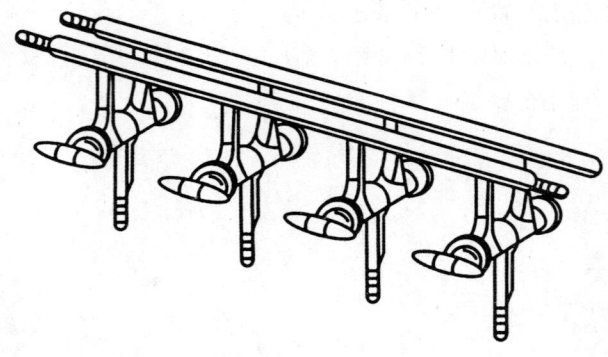

图 2-8 双排管

二、注射器针管技术

1. 将洗净烘干的注射器装好,从惰性气体冲洗装置中吸入和挤出惰性气体将针管冲洗 3 次。

2. 吸入注射器总容量 3/4 的惰性气体,再将针筒推至总行程的一半处,将针头刺入储液器,推出针筒内的全部惰性气体。

3. 将针头插入液面下,利用储液器中液面上的压力,让液体进入针筒,直至超过所需数量的 10%~20%。

4. 将针尖抽出液面,稍加弯曲,使针筒倒转,让注射器内的气泡升至顶部。

5. 推压针筒芯,将气泡驱出后,一直推到所需的刻度。

6. 将针筒芯抽回一些,以吸入惰性气体保护层。

7. 针筒仍然倒转着,将针头从储液器中抽出,并立即刺入接收器中。

8. 翻转注射器,将液体推出即可。

第三章
有机化合物的制备

实验一 环己烯的制备

一、实验目的

1. 学习在酸催化下醇脱水制取烯烃的原理和方法。
2. 了解简单蒸馏和分馏的原理。
3. 掌握蒸馏、分液、干燥等实验操作方法。

二、实验原理

烯烃是重要的有机化工原料。工业上主要通过石油裂解的方法制备烯烃,有时也利用醇在氧化铝等催化剂存在下,进行高温催化脱水来制取。实验室里则主要用浓硫酸、浓磷酸做催化剂使醇脱水或卤代烃在醇钠作用下脱卤化氢来制备烯烃。醇的脱水作用随着醇的结构不同而有所不同。其反应速率为叔醇>仲醇>伯醇。当可能生成两种以上的烯烃时,反应取向服从 Zaytzeff 规则,主要生成双键上连有较多取代基的烯烃。

本实验采用浓磷酸做催化剂,由环己醇脱水制备环己烯,反应如下:

$$\text{环己醇} \xrightleftharpoons{H_3PO_4} \text{环己烯} + H_2O$$

一般认为,该反应历程为 E_1 历程,整个反应是可逆的。酸使醇羟基质子化,使其易于离去而生成正碳离子,后者失去一个质子,就生成烯烃:

当反应温度较高时,有副反应发生:

$$2\,\text{环己醇} \xrightleftharpoons{H_3PO_4} \text{二环己醚} + H_2O$$

环己醇、环己烯均可与水形成二元共沸物(表 3-1)。环己烯和水形成的二元共沸物(含水 10%),沸点 70.8 ℃。但是原料环己醇也能和水形成二元共沸物(沸点 97.8 ℃,

含水 80%）。为了使产物以共沸物的形式蒸出反应体系，而又不夹带原料环己醇，本实验采用分馏装置，并控制柱顶温度不超过 73 ℃。

表 3-1 环己醇、环己烯与水形成的共沸物的组成及沸点

共沸混合物	沸点/°C		共沸物的质量分数/%
	组分沸点	共沸点	
环己醇/水	161.5 100.0	97.8	~20.0 ~80.0
环己烯/水	83.0 100.0	70.8	90 10

三、实验仪器及试剂

仪器：50 mL 圆底烧瓶，分馏柱，直型冷凝管，100 mL 分液漏斗，100 mL 锥形瓶，蒸馏头，接液管。

试剂：10.0 g（10.4 mL，0.1 mol）环己醇，4 mL 浓磷酸，氯化钠，无水氯化钙，5%碳酸钠水溶液。

四、实验流程图（图 3-1）

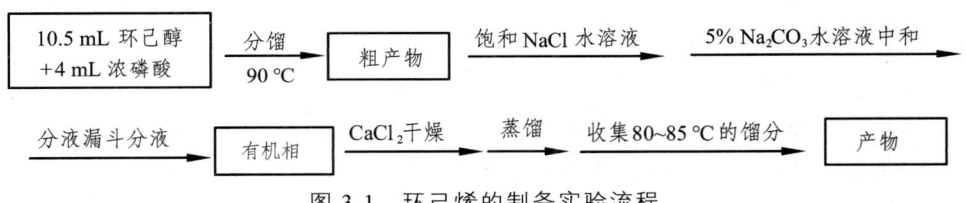

图 3-1 环己烯的制备实验流程

五、实验装置图（图 3-2）

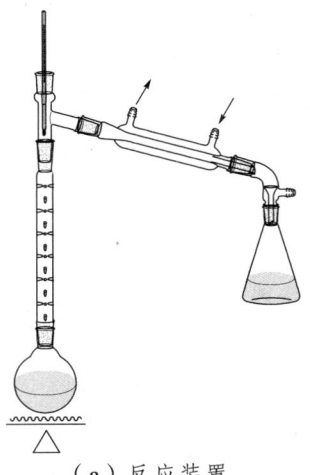

（a）反应装置

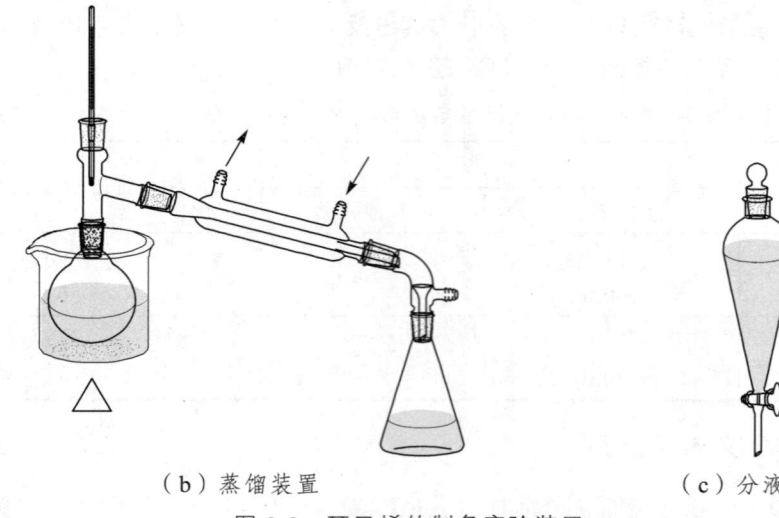

（b）蒸馏装置　　　　　　　　　　（c）分液漏斗

图 3-2　环己烯的制备实验装置

六、实验步骤

在 50 mL 干燥的圆底（或茄形）烧瓶中，放入 10.5 mL 环己醇（4.8 g，0.048 mol）、4 mL 85%磷酸，充分振摇、混合均匀。投入几粒沸石，按图 3-2 安装反应装置，用锥形瓶做接收器。

将烧瓶在石棉网上用小火慢慢加热，控制加热速率使分馏柱上端的温度不超过 90 ℃，馏出液为带水的混合物。当烧瓶中只剩下很少量的残液并出现阵阵白雾时，即可停止蒸馏。全部蒸馏时间约需 40 min。

将蒸馏液分去水层，加入等体积的饱和食盐水，充分振摇后静置分层，分去水层（洗涤微量的酸，产品在哪一层？）。将下层水溶液自漏斗下端活塞放出，上层的粗产物自漏斗的上口倒入干燥的小锥形瓶中，加入 1~2 g 无水氯化钙干燥。

将干燥后的产物滤入干燥的梨形蒸馏瓶中，加入几粒沸石，用水浴加热蒸馏。收集 80~85 ℃ 的馏分于一已称量的干燥小锥形瓶中。产量 4~5 g。

本实验约需 4 h。

七、注意事项

1. 环己醇在常温下是黏稠状液体，因而若用量筒量取时应注意转移中的损失。所以，取样时，最好先取环己醇，后取磷酸。
2. 环己醇与磷酸应充分混合，否则在加热过程中可能会局部碳化，使溶液变黑。
3. 安装仪器的顺序是从下到上，从左到右。十字头应口向上。
4. 由于反应中环己烯与水形成共沸物（沸点 70.8 ℃，含水 10%）；环己醇也能与水形成共沸物（沸点 97.8 ℃，含水 80%）。因此在加热时温度不可过高，蒸馏速度不宜太快，以减少未反应的环己醇蒸出。文献要求柱顶控制在 73 ℃ 左右，但反应速率太慢。本实验为了加快蒸出的速度，可控制在 90 ℃ 以下。

5. 反应终点的判断可参考以下几个参数：① 反应进行 40 min 左右。② 分馏出的环己烯和水的共沸物达到理论计算量。③ 反应烧瓶中出现白雾。④ 柱顶温度下降后又升到 85 ℃ 以上。

6. 洗涤分水时，水层应尽可能分离完全，否则将增加无水氯化钙的用量，使产物更多地被干燥剂吸附而导致损失。这里用无水氯化钙干燥较适合，因它还可除去少量环己醇。无水氯化钙的用量视粗产品中的含水量而定，一般干燥时间应在半小时以上，最好干燥过夜。但由于时间关系，实际实验过程中，可能干燥时间不够，这样在最后蒸馏时，可能会有较多的前馏分（环己烯和水的共沸物）蒸出。

7. 在蒸馏已干燥的产物时，蒸馏所用仪器都应充分干燥。接收产品的三角瓶应事先称量。

8. 一般蒸馏都要加沸石。

9. 进实验室前，一定要事先查好原料、产品及副产品的物理常数，做到心中有数。

八、思考题

1. 如果实验的产率太低，试分析主要在哪些操作步骤中造成损失。
2. 用磷酸做脱水剂比用浓硫酸做脱水剂有什么优点？
3. 在粗产品环己烯中加入饱和食盐水的目的是什么？
4. 怎样用简单的化学方法来证明最后得到的产品是环己烯？

实验二　正溴丁烷的制备

一、实验目的

1. 了解由醇制备溴代烷的原理和方法。
2. 初步掌握冷凝回流装置和分液漏斗的使用方法。

二、实验原理

本实验中正溴丁烷是由正丁醇与溴化钠、浓硫酸共热，通过酸催化下醇羟基质子化后失水得到正丁基正离子中间体，碳正离子中间体再与溴负离子发生亲核取代反应生成卤代烷烃。由于碳正离子重排、醇失水、烷氧基与溴离子竞争性，反应中会生成1-丁烯、2-丁烯、二丁醚等副产物。

主要反应：$NaBr + H_2SO_4 \longrightarrow HBr + NaHSO_4$

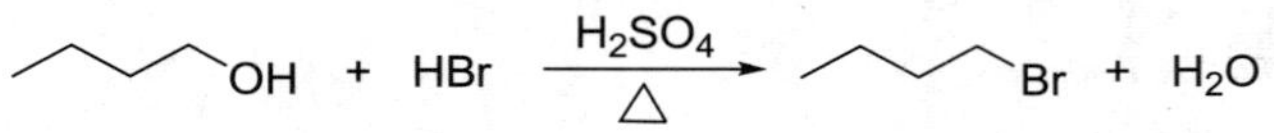

$$CH_3CH_2CH_2CH_2OH + HBr \xrightarrow[\Delta]{H_2SO_4} CH_3CH_2CH_2CH_2Br + H_2O$$

副反应：

$$CH_3CH_2CH_2CH_2OH \xrightarrow[\Delta]{H_2SO_4} CH_2=CHCH_2CH_3 + CH_3CH=CHCH_3 + H_2O$$

$$2\,CH_3CH_2CH_2CH_2OH \xrightarrow[\Delta]{H_2SO_4} CH_3CH_2CH_2CH_2OCH_2CH_2CH_2CH_3 + H_2O$$

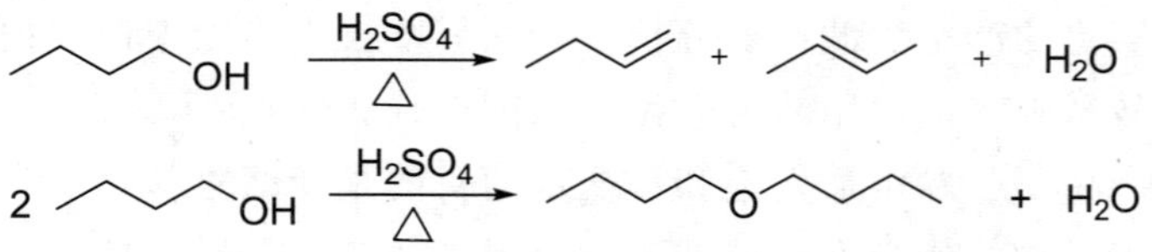

三、实验仪器及试剂

仪器：冷凝管，烧瓶，加热套，乳胶套，量筒，分液漏斗，锥形瓶，具塞玻管，橡皮塞，铁架台，尾接管，升降台，万能夹，十字夹，天平，药勺，称量纸。

试剂：正丁醇，溴化钠（无水），浓硫酸，10%碳酸氢钠溶液，无水氯化钙，沸石。

四、实验流程图（图 3-3）

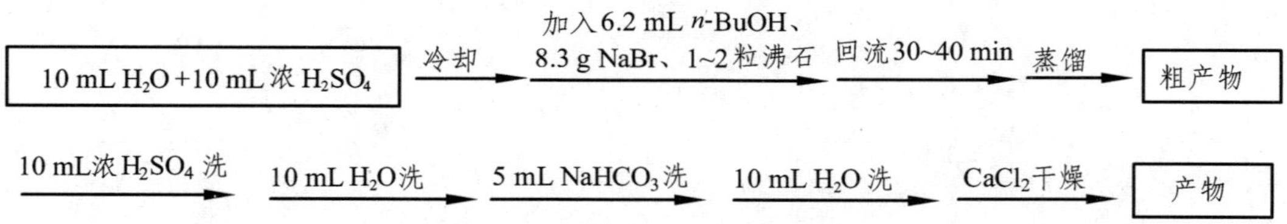

10 mL H$_2$O + 10 mL 浓 H$_2$SO$_4$ →冷却→ 加入 6.2 mL n-BuOH、8.3 g NaBr、1~2粒沸石 →回流 30~40 min→ 蒸馏 → 粗产物

→10 mL 浓 H$_2$SO$_4$ 洗→ 10 mL H$_2$O 洗→ 5 mL NaHCO$_3$ 洗→ 10 mL H$_2$O 洗→ CaCl$_2$ 干燥→ 产物

图 3-3　正溴丁烷的制备实验流程

五、实验装置图（图 3-4）

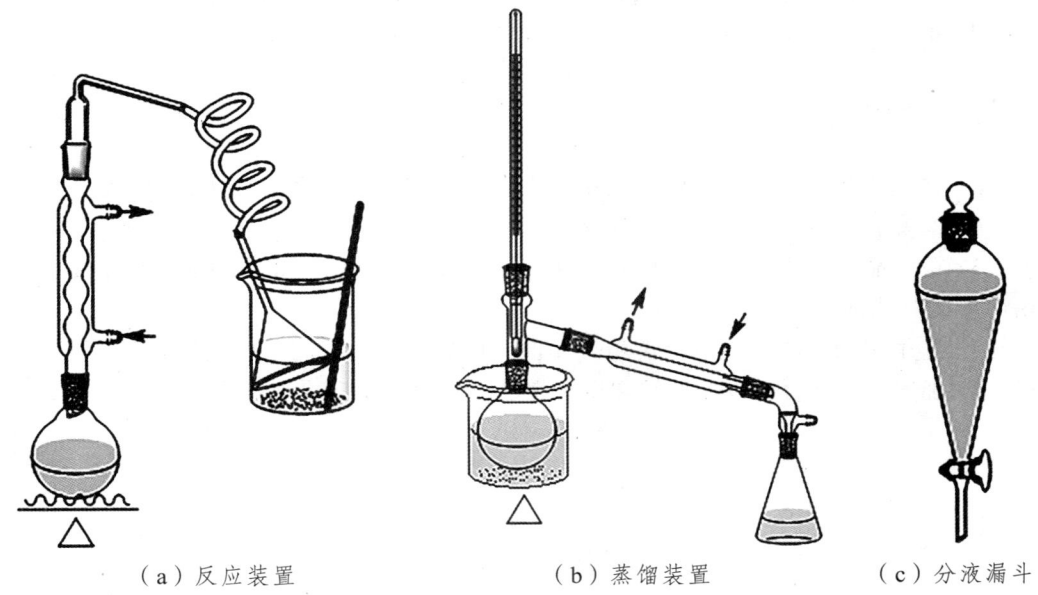

（a）反应装置　　　　　（b）蒸馏装置　　　（c）分液漏斗

图 3-4　正溴丁烷的制备实验装置

六、实验步骤

在 50 mL 圆底烧瓶内加入 10 mL 水，将烧瓶放入冷水浴中，边摇边缓慢加入 10 mL 浓硫酸，混合均匀后冷却至室温。依次加入 6.2 mL 正丁醇、8.3 g 研细的溴化钠、1~2 粒沸石，装上回流冷凝管，并在冷凝管上口用导气管连接一气体吸收装置，采用 5% 的氢氧化钠溶液吸收尾气。小火加热反应混合物至沸腾并保持回流 30~40 min。反应完成后，冷却 5 min。卸下回流冷凝管，待冷却后，补加 1~2 粒沸石，装上蒸馏头和冷凝管进行蒸馏，仔细观察馏出液至无油滴蒸出为止。将馏出液倒入分液漏斗中，下层油层放入一干燥的锥形瓶中，加入 10 mL 浓硫酸（分 3 次加入），每次加入都要摇匀混合物，若锥形瓶发热可用冷水浴冷却。将混合物慢慢加入分液漏斗中，静置分层，放出下层浓硫酸，油层依次用 10 mL 蒸馏水、5 mL 10%碳酸钠、10 mL 蒸馏水洗涤。将下层的粗 1-溴丁烷放入锥形瓶中，加入 1~2 g 块状无水氯化钙，间歇振荡锥形瓶，直到液体澄清为止，量出最终获得的 1-溴丁烷的体积。

本实验需 4~5 h。

七、注意事项

1. 在圆底烧瓶内，先加水再加浓硫酸，以免爆沸。冷却至室温后再加正丁醇和溴化钠，以免正溴丁醇炭化。

2. 安装气体吸收装置时注意三角漏斗不要全部浸入水中，以免倒吸。
3. 实验应控制好温度，高温会使有机相发红发黑（释放出溴与炭化）。
4. 粗产物中含少量未反应的正丁醇以及副产物正丁醚，需用浓硫酸洗涤除去。

八、思考题

1. 合成步骤中，浓硫酸的作用是什么？浓硫酸用量对反应有什么影响？
2. 本实验有哪些副反应？如何减少副反应？
3. 粗产品洗涤中，正溴丁烷时而在上层，时而在下层，如不知道产物密度，如何用简单的方法加以判断？
4. 选用饱和碳酸氢钠溶液洗粗产品前，需要用水洗涤的目的是什么？
5. 加料时，是否可以先使溴化钠和浓硫酸混合，然后再加正丁醇及水？为什么？

实验三 2-甲基-2-己醇的制备

一、实验目的

1. 了解格氏试剂制备 2-甲基-2-己醇的原理和方法。
2. 掌握无水无氧基本操作。
3. 掌握格氏试剂的制备方法。

二、实验原理

醇的制备方法很多。实验室中醇的制备，除了烯烃的硼氢化-氧化和羰基还原方法外，利用 Grignard（格氏）反应是合成各种结构复杂的醇的主要方法。

卤代烷烃与金属镁在无水乙醚中反应生成烃基卤化镁 RMgX，称为格氏试剂。卤代烷烃生成格氏试剂的活性顺序为：RI > RBr > RCl。氯化物活性低，反应难以进行；碘化物价格较贵，且容易在金属表面发生偶联反应，产生 R—R 副产物。实验室中通常用活性居中的溴化物。

格氏试剂中，碳-金属键是极化的，带负电荷的碳原子具有极强的亲核性，在增长碳链的方法中有重要作用。其最重要的性质是与醛、酮、羧酸衍生物、环氧化物、二氧化碳等发生反应，生成相应的醇、羧酸和酮。

本实验以 1-溴丁烷为原料、乙醚为溶剂制备 Grignard 试剂，而后再与丙酮发生加成、水解反应，制备 2-甲基-2-己醇。因微量的水和氧的存在会抑制反应的引发，而且会分解生成的格氏试剂，格氏试剂的制备必须在无水无氧条件下进行，所用仪器均需彻底干燥。

主要反应：

$$\text{CH}_3\text{CH}_2\text{CH}_2\text{CH}_2\text{Br} + \text{Mg} \xrightarrow[\text{I}_2]{\text{无水乙醚}} \text{CH}_3\text{CH}_2\text{CH}_2\text{CH}_2\text{MgBr}$$

$$\text{C}_4\text{H}_9\text{MgBr} + \text{CH}_3\text{COCH}_3 \xrightarrow{\text{无水乙醚}} \text{(CH}_3\text{)}_2\text{C(OMgBr)C}_4\text{H}_9$$

$$\text{(CH}_3\text{)}_2\text{C(OMg)C}_4\text{H}_9 \xrightarrow{\text{H}^+} \text{(CH}_3\text{)}_2\text{C(OH)C}_4\text{H}_9$$

副反应：

$$\text{C}_4\text{H}_9\text{MgBr} + \text{H}_2\text{O} \xrightarrow{\text{无水乙醚}} \text{C}_5\text{H}_{12}$$

$$\text{C}_4\text{H}_9\text{MgBr} + \text{CO}_2 \xrightarrow{\text{无水乙醚}} \text{C}_5\text{H}_{11}\text{CO}_2\text{H}$$

三、实验仪器及试剂

仪器：双颈圆底烧瓶，单颈圆底烧瓶，恒压滴液漏斗，球形回流冷凝管，直形回流冷凝管，温度计，电热套，分液漏斗，锥形瓶，具塞玻管，橡皮塞，铁架台，尾接管，升降台，万能夹，十字夹，天平，药勺，称量纸。

试剂：1.5 g（0.06 mol）镁屑，8.1 g（6.4 mL，约 0.06 mol）正溴丁烷，4 g（5 mL，0.069 mol）丙酮，无水乙醚（自制），乙醚，10%硫酸溶液、5%碳酸钠溶液，无水碳酸钾。

四、实验流程图（图 3-5）

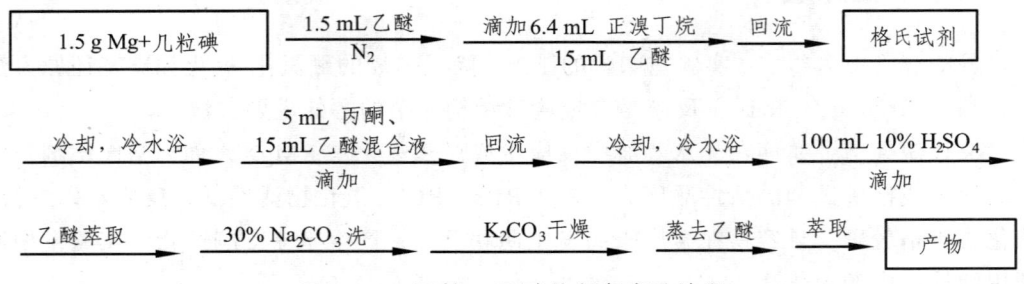

图 3-5 2-甲基-2-己醇的制备实验流程

五、实验装置图（图 3-6）

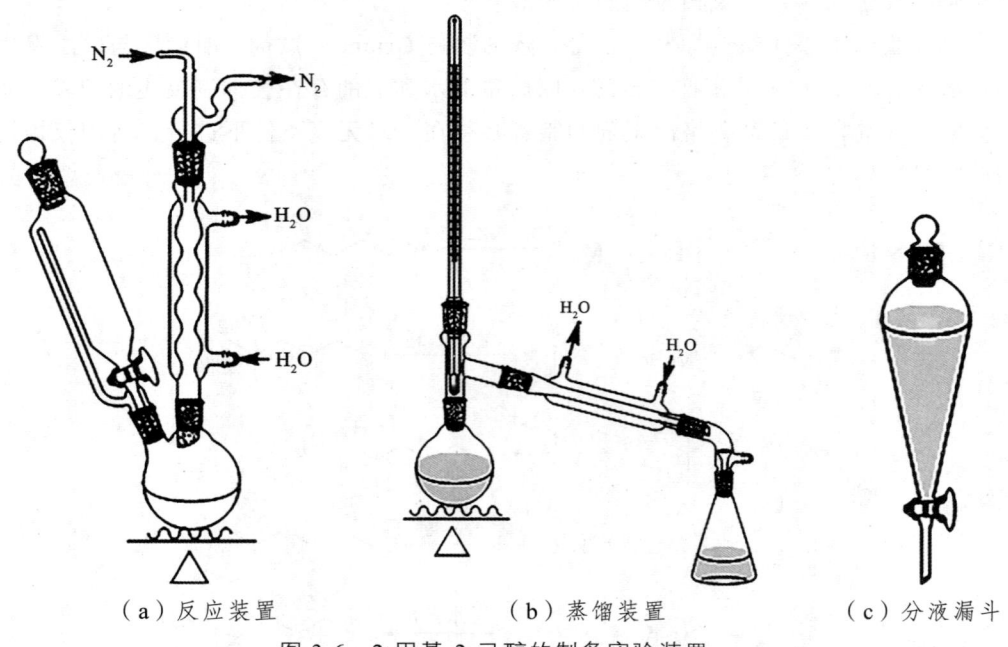

（a）反应装置　　　（b）蒸馏装置　　　（c）分液漏斗

图 3-6 2-甲基-2-己醇的制备实验装置

六、实验步骤

（一）正丁基溴化镁的制备

在 100 mL 双颈圆底烧瓶中加入 1.5 g 镁屑、几粒碘和搅拌磁子，然后安装上滴液漏斗、冷凝管。通氮气置换反应体系中的空气。在氮气氛下加入 15 mL 干燥的无水乙醚；在恒压滴液漏斗中混合 6.4 mL 正溴丁烷和 15 mL 无水乙醚。向反应瓶内滴入约 5 mL 混合液，数分钟后溶液呈微沸状态，碘的颜色消失。若不发生反应，可用温水浴加热。反应开始比较剧烈，必要时可用冷水浴冷却。待反应缓和后，自冷凝管上端加入 15 mL 无水乙醚。开动搅拌磁力搅拌，并滴入其余的正溴丁烷/无水乙醚混合液，控制滴加速度维持反应液呈微沸状态。滴加完毕后，在热水浴上回流 20 min，使镁屑几乎作用完全。

（二）2-甲基-2-己醇的制备

将上面制好的格氏试剂在冰水浴冷却和搅拌下，自恒压滴液漏斗中滴入 5 mL 丙酮和 15 mL 无水乙醚的混合液，控制滴加速度，勿使反应过于猛烈。加完后，在室温下继续搅拌 15 min，溶液中可能有白色黏稠状固体析出。

将反应瓶在冰水浴冷却和搅拌下，自恒压滴液漏斗中分批加入 45 mL 10%硫酸溶液，分解上述加成产物（开始滴入宜慢，以后可逐渐加快）。待分解完全后，将溶液倒入分液漏斗中，分出醚层。水层每次用 15 mL 乙醚萃取 2 次，合并醚层，用 15 mL 5%碳酸钠溶液洗涤一次，分液后，用无水碳酸钾干燥。装配蒸馏装置。将干燥后的粗产物醚溶液滤入小烧瓶中，用温水浴蒸去乙醚，再加热蒸出产品，收集 137~141 °C 馏分。

本实验需 6~7 h。

七、注意事项

1. 镁屑不宜长期放存。长期放存的镁屑，需用 5%的盐酸浸泡数分钟，抽滤后，依次用水、乙醇、丙酮、乙醚洗涤，干燥。
2. 本实验所用仪器、药品必须充分干燥，反应体系需要在惰性气氛下进行。
3. 1-溴丁烷用无水 $CaCl_2$ 干燥，并蒸馏纯化；丙酮用无水 K_2CO_3 干燥，并蒸馏纯化。
4. 注意控制加料速度和反应温度。
5. 使用和蒸馏低沸点物质乙醚时，要远离火源，防止外泄，注意安全。

八、思考题

1. 实验中，将格氏试剂与加成物反应水解前各步中，为什么使用的药品、仪器均需绝对干燥？应采取什么措施？

2. 反应若不能立即开始，应采取什么措施.

3. 实验中有哪些可能的副反应？应如何避免？

4. 由格氏试剂与羰基化合物反应制备 2-甲基-2-己醇，还可采用何种原料？写出反应式。

实验四　乙酸正丁酯的制备

一、实验目的

1. 学习酯的合成反应和机理，掌握乙酸正丁酯的制备方法。
2. 掌握在可逆反应中利用平衡移动原理提高产率的方法。
3. 掌握回流分水、液体洗涤及液体干燥等基本操作。
4. 掌握共沸蒸馏分水法的原理和分水器（油水分离器）的使用。

二、实验原理

乙酸正丁酯是优良的有机溶剂，广泛用于硝化纤维清漆中，在人造革、织物及塑料加工过程中用作溶剂，也作为香料，大量用于配制香蕉、梨、菠萝、杏、桃及草莓、浆果等型香精，亦可用作天然胶和合成树脂等的溶剂。

羧酸与醇作用生成酯和水的反应称为酯化反应。本实验通过酯化反应，采用浓硫酸做催化剂，由醋酸和正丁醇反应生成乙酸正丁酯。反应式如下：

$$CH_3COOH + CH_3CH_2CH_2CH_2OH \underset{\triangle}{\overset{H_2SO_4}{\rightleftharpoons}} CH_3COOCH_2CH_2CH_2CH_3 + H_2O$$

当反应温度较高时，有副反应发生：

$$2\,CH_3CH_2CH_2CH_2OH \underset{\triangle}{\overset{H_2SO_4}{\rightleftharpoons}} CH_3CH_2CH_2CH_2OCH_2CH_2CH_2CH_3$$

$$CH_3CH_2CH_2CH_2OH \underset{\triangle}{\overset{H_2SO_4}{\rightleftharpoons}} CH_3CH_2CH=CH_2$$

酯化反应是可逆反应，反应进行到一定程度后达到动态平衡。为了提高产率，常采用使原料之一过量或不断将生成物移出反应体系的方法，使平衡向生成酯的方向移动。本实验采用乙醇过量以及将生成的乙酸乙酯和水不断蒸出的方法，同时使用过量的硫酸，除做催化剂外还有吸水作用，有利于反应向右进行。反应蒸出的粗乙酸乙酯中还含有乙醇、醋酸、水等杂质，需精制除去。

三、实验仪器及试剂

仪器：玻璃磨口仪器，球形冷凝管，分水器，圆底烧瓶，温度计（150 ℃），锥形瓶，烧杯，电热套，分液漏斗，量筒，电热套，铁架台，铁夹及十字头，铁圈，橡胶水管，天平。

试剂：正丁醇（11.5 mL），冰醋酸（7.2 mL），浓硫酸，10%碳酸钠溶液，无水硫酸镁，冰块，沸石，甘油，pH 试纸。

四、实验流程图（图 3-7）

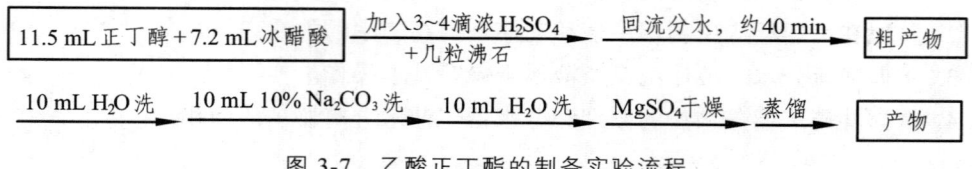

图 3-7　乙酸正丁酯的制备实验流程

五、实验装置图（图 3-8）

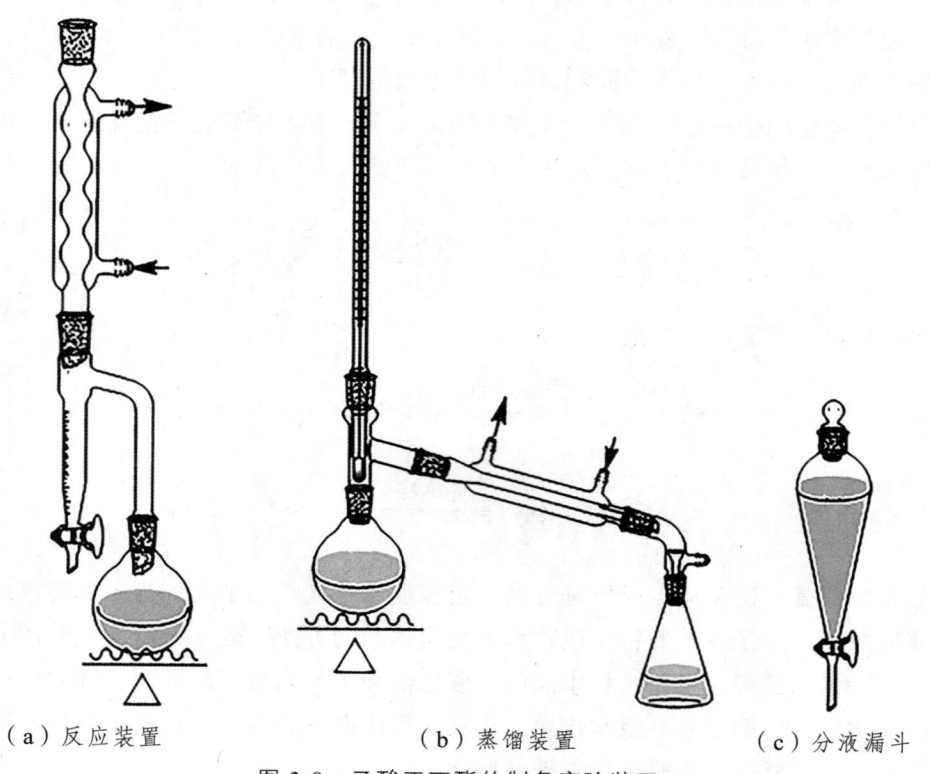

（a）反应装置　　　　（b）蒸馏装置　　　　（c）分液漏斗

图 3-8　乙酸正丁酯的制备实验装置

六、实验步骤

50 mL 圆底烧瓶中，加 11.5 mL 正丁醇、7.2 mL 冰醋酸和 3~4 滴浓 H_2SO_4（催

化反应），混匀，加几粒沸石。接上回流冷凝管和分水器。在分水器中预先加少量水至略低于支管口（1～2 cm），目的是使上层酯中的醇回流到烧瓶中继续参与反应，用笔做记号并加热至回流，记下第一滴回流液滴下的时间，并控制冷凝管中的液滴流速为1～2 滴/秒。反应一段时间后，把水分出并保持分水器中水层液面在原来的高度。大约 40 min 后，不再有水生成（即液面不再上升），即表示反应完成。停止加热，记录分出的水量。冷却后卸下回流冷凝管，把分水器中的酯层和圆底烧瓶中的反应液一起倒入分液漏斗中。在分液漏斗中加入 10 mL 水洗涤，并除去下层水层（除去乙酸及少量的正丁醇）；有机相继续用 10 mL 10% Na_2CO_3 洗涤至中性（除去硫酸）；上层有机相再用 10 mL 的水洗涤除去溶于酯中的少量无机盐，最后将有机层倒入小锥形瓶中，用无水硫酸镁干燥。

蒸馏：将干燥后的乙酸正丁酯倒入干燥的 30 mL 蒸馏烧瓶中（注意不要把硫酸镁倒进去！），加入 2 粒沸石，安装好蒸馏装置，加热蒸馏。收集 124～126 ℃ 的馏分。

本实验约需 4 h。

七、注意事项

1. 在加入反应物之前，仪器必须干燥。

2. 高浓度醋酸在低温时凝结成冰状固体（熔点 16.6 ℃）。取用时可用温水浴加热使其熔化后量取。注意不要碰到皮肤，防止烫伤。

3. 浓硫酸起催化剂作用，只需少量即可；滴加浓硫酸时，要边加边摇，以免局部炭化。

4. 分水器中应预先加入一定量的水，在分水器上用笔做一标记，在反应过程中，生成的水由分水器放出，但水面需要保持在标记处。由生成的水量判断反应进行的程度。反应进行完全时应观察不到有水带出的浑浊现象。最后记下生成水的量，与计算所得到的理论产量比较。

5. 在反应刚开始时，一定要控制好升温速率。要在 80 ℃ 加热 15 min 后再开始加热回流，以防乙酸过早地蒸出，影响产率。

6. 用 10% Na_2CO_3 洗涤时，因为有 CO_2 气体放出，所以要注意放气，同时洗涤时摇动不要太厉害，否则会使溶液乳化不易分层。

7. 使用 pH 试纸时要放在表面皿中，且只需要几张即可。

8. 蒸馏装置必须干燥，仪器在烘箱中或气流烘干器上烘干（分液和干燥产物之前，应先把仪器洗干净，放入烘箱中干燥后再使用）。

9. 产物经称量后，经老师检查记录后，再倒入回收瓶中。

八、思考题

1. 酯化反应有什么特点？实验中采取了哪些措施使反应向生成酯的方向进行？
2. 在用分液漏斗洗涤产物时，为什么要充分振荡？在振荡后为什么要放气？应怎样操作？
3. 在中和粗产物中的酸时，为什么用饱和碳酸钠而不用浓的氢氧化钠？
4. 粗产物中主要含有哪些杂质，如何除去各种杂质？

实验五　环己酮的制备

一、实验目的

1. 学习醇氧化合成酮的原理和方法。
2. 掌握萃取、盐析和干燥等实验操作及空气冷凝管的使用。

二、实验原理

环己酮是应用十分广泛的石油化工原料。一般依其应用可分为酰胺用和非酰胺用两大类。酰胺用环己酮主要用于生产己内酰胺和己二酸，约占国内环己酮总需求量的70%；非酰胺用环己酮主要作为有机溶剂。因其具有溶解能力强、低毒性以及价格低廉等优点，广泛应用在涂料、油漆、油墨、树脂溶剂、稀释剂中；又由于其具有感光、磁性，可用作各种记录材料涂布用溶剂。环己酮还可用于生成下游衍生物，如环己酮-甲醛树脂、过氧环己酮、邻甲基苯酮、防老化剂4010、医药农药等。

醇的氧化是合成醛、酮的重要方法。工业上，常用氧化或催化脱氢环己醇合成环己酮，还可以直接催化氧化环己烷制备环己酮。本实验采用无毒的次氯酸钠作为氧化剂，氧化环己醇制备环己酮。

主要反应：

$$\text{环己醇} \xrightarrow[\text{CH}_3\text{COOH}]{\text{NaOCl}} \text{环己酮} + \text{H}_2\text{O} + \text{NaCl}$$

三、实验仪器及试剂

仪器：直形冷凝管，空气冷凝管，圆底烧瓶，电热套，锥形瓶，滴液漏斗、温度计，锥形瓶，铁架台，尾接管，升降台，万能夹，十字夹，天平，药勺，称量纸。

试剂：环己醇（熔点：25.2 ℃，沸点：160.9 ℃ 相对密度：0.962 4），次氯酸钠，冰醋酸，无水碳酸钠，无水硫酸镁，氯化铝，沸石，氯化钠，碘化钾-淀粉试纸。

四、实验流程图（图3-9）

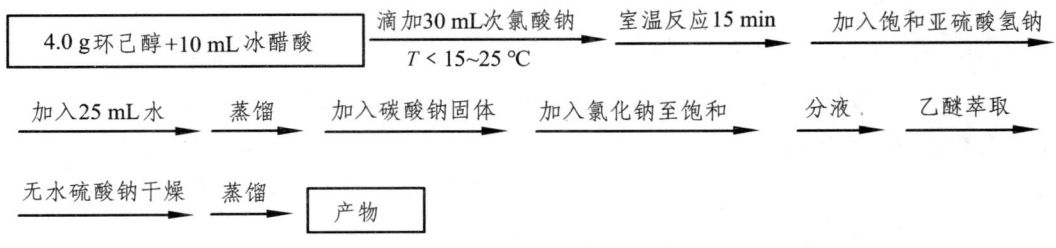

图3-9　环己酮的制备实验流程

五、实验装置图（图 3-10）

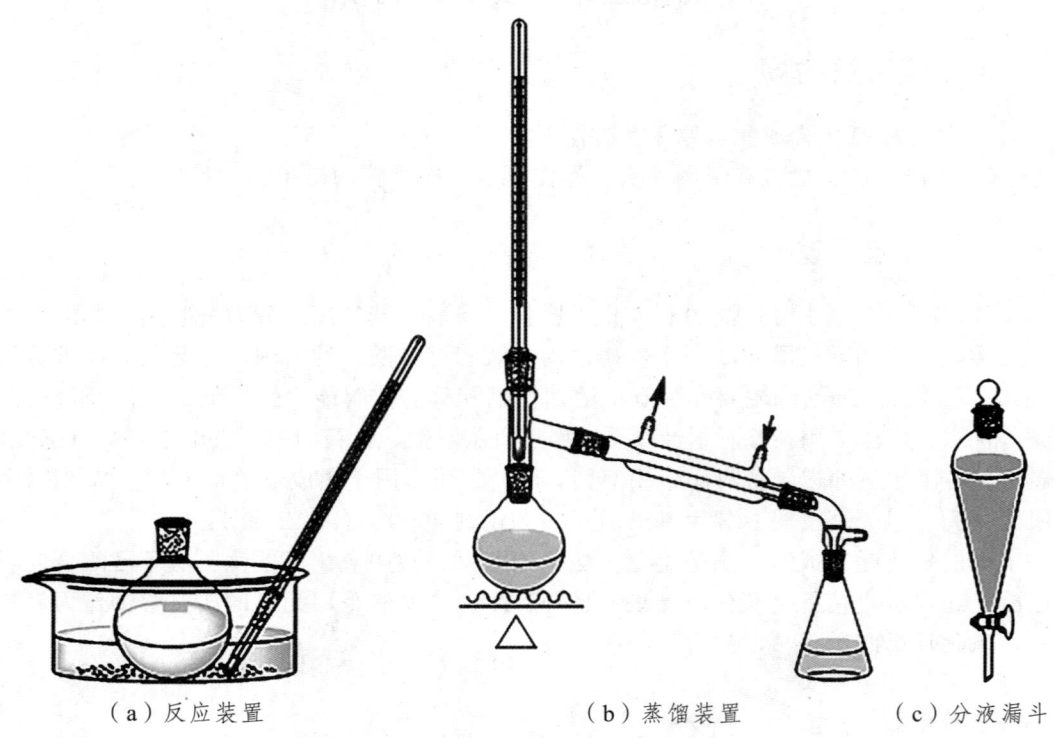

（a）反应装置　　　　　（b）蒸馏装置　　　　（c）分液漏斗

图 3-10　环己酮的制备实验装置

六、实验步骤

在 100 mL 圆底烧瓶中加入 4.0 g 环己醇和 10 mL 冰醋酸，搅拌下滴加 30 mL 次氯酸钠溶液，期间用冰水冷却，维持反应体系温度在 15~25 ℃。次氯酸钠溶液全部加入后，反应液由无色变为黄绿色。用淀粉-碘化钾试纸检验次氯酸钠是否过量。如试纸变蓝，表明氧化剂过量，此时在室温下继续搅拌 15 min，加入 1~5 mL 饱和亚硫酸氢钠溶液，直至过量的氧化剂被去除。

在反应瓶中加入 25 mL 水，安装蒸馏装置，将环己酮与水一起蒸出，收集约 20 mL 馏出液，小心分批次加入碳酸钠固体，以中和馏出液中的冰醋酸。水溶液中再加入氯化钠饱和，分出有机相，水层用 15 mL 乙醚萃取两次，合并有机相，用无水硫酸钠干燥。在水浴上蒸出乙醚后，改用空气冷凝管继续蒸馏，收集 151~155 ℃ 馏分。

本实验约需 4 h。

七、注意事项

1. 反应中会有微量氯气逸出，实验需在通风橱中进行。

2. 加入次氯酸钠不宜过多，否则中和时需加入较多的亚硫酸氢钠，从而造成蒸馏时间过长。

3. 次氯酸钠溶液的物质的量浓度用间接碘量法测定。用移液管移取 10 mL 次氯酸钠溶液，置于 500 mL 容量瓶中，加入蒸馏水稀释至刻度，摇匀后用移液管移取 25 mL 溶液置于锥形瓶中，加入 50 mL 0.1 mol/L 盐酸和 2 g 碘化钾，用 0.1 mol/L 硫代硫酸钠溶液滴定到析出碘。在滴定至终点时，加入 5 mL 0.2%淀粉溶液，以防止较多的碘被淀粉胶粒包住。通过下列公式计算次氯酸钠的浓度：

$$浓度 = [(0.1/2) \times V] \times 500/25/10$$

4. 测定反应液是否呈中性时，在试管中加入 1 mL 水，再加入 1 滴液体试样，溶解后用 pH 试纸测定酸碱性。

八、思考题

1. 本实验中的氧化剂可否选用高锰酸钾？为什么？
2. 加入饱和亚硫酸氢钠除去过量氧化剂的目的是什么？
3. 加入饱和氯化钠的目的是什么？
4. 水蒸气蒸馏前，除去过量氧化剂和醋酸的目的是什么？

实验六 阿司匹林的合成

一、实验目的

1. 了解阿司匹林合成的反应原理和实验方法。
2. 熟悉重结晶、过滤等基本分离纯化技术。

二、实验原理

阿司匹林[Aspirin, 2-（乙酰氧基）苯甲酸，又名乙酰水杨酸]是一种白色结晶或结晶性粉末，无臭或微带醋酸臭，微溶于水，易溶于乙醇，可溶于乙醚、氯仿，水溶液呈酸性。阿司匹林用于缓解轻度或中度疼痛，如牙痛、头痛、神经痛、肌肉酸痛等效果较好，亦用于感冒、流感等发热疾病的退热，治疗风湿痛等。阿司匹林还对血小板聚集有抑制作用，能阻止血栓形成，临床上用于预防短暂脑缺血发作、心肌梗死、人工心脏瓣膜和静脉瘘或其他手术后血栓的形成。

阿司匹林是由水杨酸（邻羟基苯甲酸）和乙酸酐合成的。水杨酸是一种具有酚羟基和羧基双官能团的化合物，能进行两种不同的酯化反应。当水杨酸与乙酸酐作用时，就可得到乙酰水杨酸。

主要反应：

在生成乙酰水杨酸的同时，水杨酸分子之间也会发生缩合，生成少量的聚合物。

副反应：

乙酰水杨酸能与碳酸氢钠反应生成水溶性钠盐，而副产物聚合物不能溶于碳酸氢钠溶液，这种性质可用于阿司匹林的纯化。

反应中，可能存在于最终反应产物中的杂质是水杨酸本身，这是乙酰化反应不完全或产物在分离步骤中发生部分水解造成的。杂质水杨酸可以在各步纯化过程和重结晶过程中去除。与大多数酚类化合物一样，水杨酸可与三氯化铁发生显色反应，形成深色配合物。阿司匹林中酚羟基已被酰化，不能与三氯化铁发生显色反应。利用此性质，可很容易检查出产物中混有的水杨酸杂质。

三、实验仪器及试剂

仪器：50 mL 圆底烧瓶，球形冷凝管，抽滤装置，水浴锅，漏斗，锥形瓶，铁架台，尾接管，升降台，万能夹，十字夹，天平，药勺，称量纸。

试剂：水杨酸，乙酸酐，浓磷酸，饱和碳酸氢钠溶液，6 mol/L 盐酸。

四、实验流程图（图 3-11）

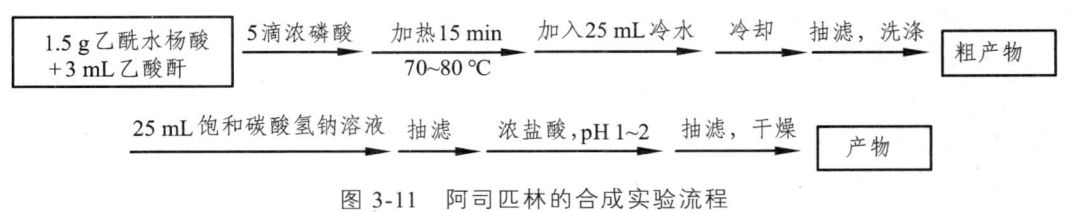

图 3-11 阿司匹林的合成实验流程

五、实验装置图（图 3-12）

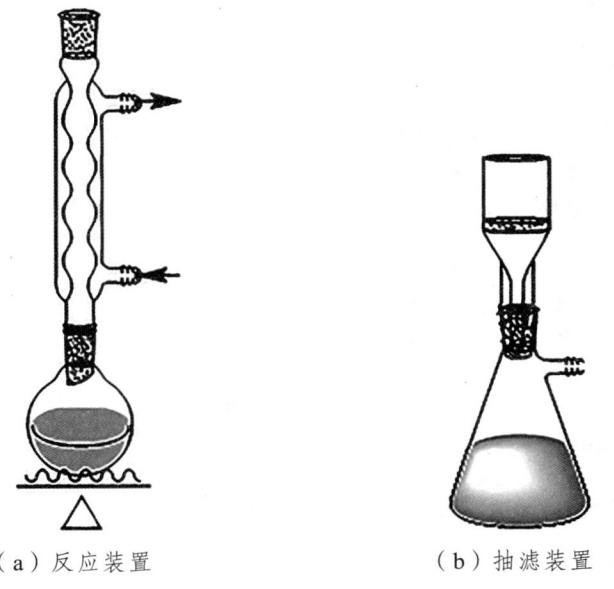

（a）反应装置　　　　　（b）抽滤装置

图 3-12 阿司匹林的合成实验装置

六、实验步骤

（一）酯　化

在 50 mL 圆底烧瓶中依次加入 1.5 g 乙酰水杨酸、3 mL 乙酸酐和 5 滴浓磷酸，小心混匀。在圆底烧瓶上安装球形冷凝管（图 3-12），置于水浴加热或电热套上加热，维持温度在 75~80 ℃ 反应 15 min。加入 25 mL 冷水，放入冰水浴中使乙酰水杨酸结晶析出。如不析出晶体或有油状物，可用玻璃棒摩擦瓶壁或摇动圆底烧瓶。减压抽滤（图 3-12），用滤液反复淋洗圆底烧瓶，直至所有晶体被收集到砂芯漏斗上。每次用少量稀乙醇洗涤，压干，得粗品，冷水洗晶体几次，继续抽滤，将溶剂尽量抽干。

（二）精　制

将所得粗品置于 100 mL 烧杯中，在搅拌下缓慢加入 25 mL 饱和碳酸氢钠溶液，加完后继续搅拌几分钟，直至无二氧化碳气泡产生。减压过滤，除去不溶的副产物聚合物，用冷水冲洗烧杯和漏斗，合并滤液。向滤液中缓慢加入浓盐酸，沉出乙酰水杨酸。调节 pH = 1~2，将烧杯置于冰水浴中冷却，使结晶完全。减压过滤，用洁净的玻璃塞挤压晶体，尽量抽去滤液，再用冷水洗涤 2~3 次，尽量抽干，置红外灯下干燥（干燥时温度不超过 60 ℃ 为宜），测熔点，计算收率。检查产物是否含有水杨酸杂质，可取约 10 mg 产物，放入盛有 5 mL 水的试管中，加入 1~2 滴 1%三氯化铁溶液，观察颜色。

本实验约需 4 h。

七、注意事项

1. 乙酸酐易水解，盛放的容器要干燥。
2. 本实验的关键是反应温度的控制，温度高易生成副产物。
3. 乙酰水杨酸受热易分解，测定熔点时，先将载玻片加热至 120 ℃，再放入样品。

八、思考题

1. 除浓磷酸外，还可选用什么酸作为本实验的催化剂？
2. 分析合成反应中的副产物及其产生的原因。
3. 怎样鉴定乙酰水杨酸是否发生水解？

实验七 甲基橙的制备

一、实验目的

1. 通过甲基橙的制备学习重氮化反应和偶合反应的实验操作。
2. 巩固盐析和重结晶的原理和操作。

二、实验原理

甲基橙是一种偶氮染料,可用于印染纺织品。在分析化学中,甲基橙是一种常用的酸碱滴定指示剂,但不适用于有机酸类化合物滴定的指示剂。其浓度为 0.1% 的水溶液 pH 为 3.1(红)~ 4.4(黄),适用于强酸与强碱、弱碱间的滴定。

甲基橙是由对氨基苯磺酸重氮盐与 N,N-二甲苯胺的醋酸盐,在弱酸性介质中偶合得到的。偶合首先得到的是嫩红色的酸式甲基橙,称为酸性黄,在碱中酸性黄转变为橙色的钠盐,即甲基橙。主要反应如下:

$$HO_3S-C_6H_4-NH_2 + NaOH \longrightarrow NaO_3S-C_6H_4-NH_2 + H_2O$$

$$NaO_3S-C_6H_4-NH_2 \xrightarrow[HCl]{NaNO_2} [HO_3S-C_6H_4-N\equiv N]Cl^-$$

$$[NaO_3S-C_6H_4-\overset{+}{N}=N]Cl^- \xrightarrow[CH_3CO_2H]{C_6H_5-N(CH_3)_2} HO_3S-C_6H_4-N=N-C_6H_4-\overset{+}{N}(CH_3)_2H \cdot AcO^-$$
酸性黄

$$HO_3S-C_6H_4-N=N-C_6H_4-\overset{+}{N}(CH_3)_2H \xrightarrow{NaOH} NaO_3S-C_6H_4-N=N-C_6H_4-N(CH_3)_2$$
甲基橙

三、实验仪器及试剂

仪器:烧杯,布氏漏斗,吸滤瓶,干燥的表面皿,滤纸,KI-淀粉试纸,锥形瓶,铁架台,尾接管,升降台,万能夹,十字夹,天平,药勺,称量纸。

试剂:苯胺 2.4 g(2.32 mL,0.026 mol),浓硫酸 4.4 mL($d \approx 1.84$,0.090 mol);对氨基苯磺酸 2.0 g,亚硝酸钠 0.8 g,5%氢氧化钠 10 mL,N,N-二甲苯胺 1.3 mL,氯化钠溶液 20 mL,浓盐酸 2.5 mL,冰醋酸 1 mL,10%氢氧化钠 15 mL,乙醇 4 mL。

四、实验流程图（图 3-13）

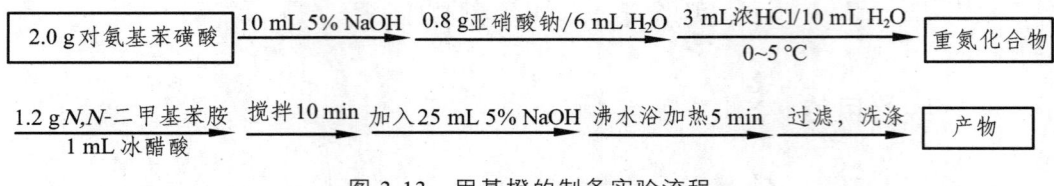

图 3-13 甲基橙的制备实验流程

五、实验装置图（图 3-14）

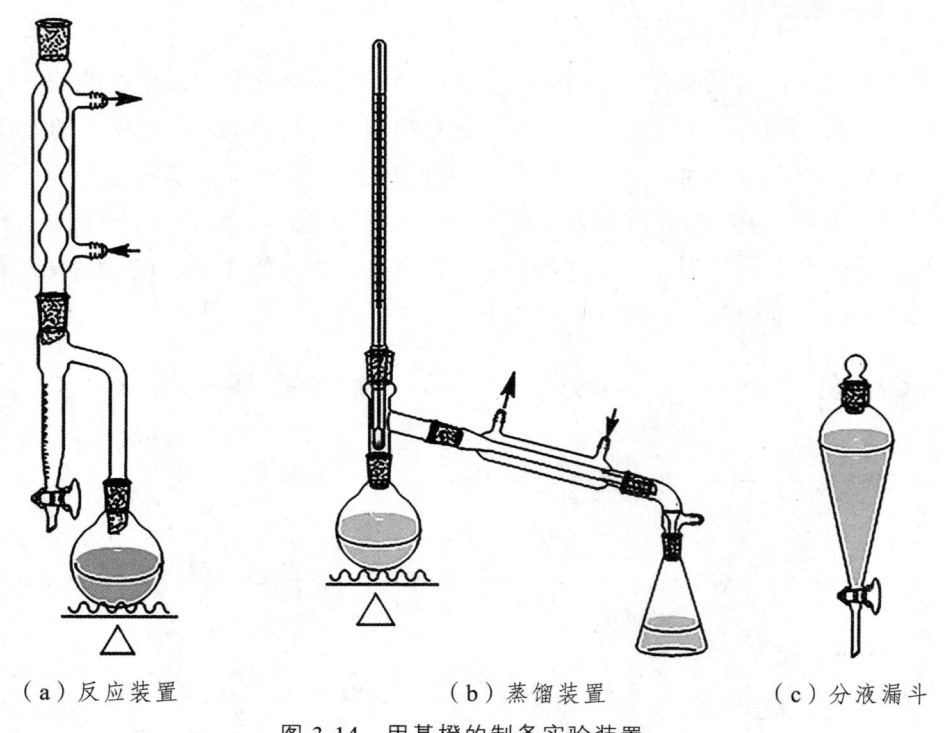

（a）反应装置　　　　（b）蒸馏装置　　　　（c）分液漏斗

图 3-14 甲基橙的制备实验装置

六、实验步骤

（一）对氨基苯磺酸重氮化

在 100 mL 烧杯中，加入 2.0 g 对氨基苯磺酸晶体及 10 mL 5%氢氧化钠溶液，温热使溶解，用冰盐水浴冷却至 0 ℃ 以下。另配制 0.8 g 亚硝酸钠于 6 mL 水中，加入上述烧杯内。用冰盐水浴冷至 0～5 ℃，在不断搅拌下，将 3.0 mL 浓盐酸与 10 mL 水配成的溶液缓缓滴加到上述混合液中，并控制温度在 0～5 ℃。快滴加完时，用淀粉-碘化钾试纸检验呈现蓝色为止，若试纸不显蓝色，则补加少量亚硝酸钠溶液，直至能使淀粉-碘化钾试纸显蓝色为止。将反应液在此温度放置 15 min，以使反应完全。

（二）偶合反应

分别量取 1.2 g N,N-二甲基苯胺和 1 mL 冰醋酸在试管中小心混合。在不断搅拌下，将此溶液慢慢加到上述冷却的重氮盐溶液中。加完后，继续搅拌 10 min，然后慢慢加入 25 mL 5%氢氧化钠溶液，直至反应物呈碱性为止，反应物变为橙色。粗制的甲基橙呈细粒状晶体析出。将反应物在沸水浴上加热 5 min，冷至室温后，再在冷水浴中冷却，使甲基橙晶体完全析出。抽滤，收集晶体，依次用少量水、乙醇、乙醚洗涤，压干。称量，计算产率。得橙色片状结晶 2～2.4 g。将少量甲基橙溶于水中，加几滴稀盐酸，然后再用稀碱中和，观察甲基橙在酸和碱中的颜色变化。

本实验需 4～5 h。

七、注意事项

1. 对氨基苯磺酸是两性化合物，其酸性比碱性强，能形成酸性内盐，它能与碱作用生成盐，难与酸作用成盐，所以不溶于酸。

2. 重氮化过程中，应严格控制温度，反应温度若高于 5 ℃，生成的重氮盐易水解为酚，降低产率。

3. 若含有未作用的 N,N-二甲基苯胺醋酸盐，在加入氢氧化钠后，就会有难溶于水的 N,N-二甲基苯胺析出，影响纯度。

4. 由于产物呈碱性，温度高易变质，颜色变深。反应产物在水浴中加热时间不能太长（约 5 min），温度不能太高（60～80 ℃），否则颜色变深。

5. 由于产物晶体较细，抽滤时，应防止将滤纸抽破（布氏滤斗不必塞得太紧）。用乙醇、乙醚洗涤的目的是使其迅速干燥。湿的甲基橙受日光照射，亦会颜色变淡，通常在 55～78 ℃烘干。

6. 重氮反应过程中，用淀粉-碘化钾试纸检验，若试纸呈现蓝色，表明亚硝酸过量，析出的碘遇淀粉就显蓝色。这时应该加入少量尿素除去过多的亚硝酸，因为亚硝酸会发氧化和亚硝基作用。

八、思考题

1. 在本实验中，重氮盐的制备为什么要控制温度 0～5 ℃进行？
2. 偶合反应为什么要在弱酸性溶液中进行？
3. 试解释甲基橙在酸碱介质中变色的原因，并用反应式表示。

实验八　从茶叶中提取咖啡因

一、实验目的

1. 学习从植物中提取生物碱的原理及方法。
2. 学会脂肪提取器（索氏提取器）的安装及使用。
3. 练习升华法纯化咖啡因的方法。

二、基本原理

茶叶中含有多种生物碱，其中以咖啡因为主，占 1%~5%；另外还含少量可可碱、茶碱，色素、纤维素、蛋白质等。咖啡因是杂环化合物嘌呤的衍生物，它的化学名称为 1,3,7-三甲基-2,6-二氧嘌呤，其结构式如下：

嘌呤　　咖啡因　　可可豆碱　　茶碱

咖啡因具有刺激心脏、兴奋大脑神经和利尿等作用，因此可作为中枢神经兴奋药。咖啡因也是复方阿司匹林（APC）等药物的组分之一。

咖啡因是弱碱性化合物，易溶于氯仿（12.5%）、水（2%）及乙醇（2%）等。在苯中溶解度为 1%（热苯为 5%）。含结晶水的咖啡因为无色针状结晶，100 ℃ 失去结晶水，并开始升华，120 ℃ 升华相当显著，170 ℃ 升华很快。

脂肪提取器是利用溶剂回流和虹吸原理，使固体物质连续不断地为纯溶剂所萃取的仪器。溶剂沸腾时，其蒸气通过侧管上升，被冷凝管冷凝成液体，滴入套筒中，浸润固体物质，使之溶于溶剂中，当套筒内溶剂液面超过虹吸管的最高处时，即发生虹吸，流回烧瓶中。通过反复的回流和虹吸，从而将固体物质富集在烧瓶中。脂肪提取器为配套仪器，其任一部件损坏都会导致整套仪器报废，特别是虹吸管极易折断，所以在安装仪器和实验过程中须特别小心。

脂肪提取器也可以将固体物质中所含有的可溶性物质富集，根据其原理，固体物质每一次都能被纯的溶剂所萃取，因而效率较高，为增加液体浸溶的面积，萃取前应先将物质研细，用滤纸套包好置于提取器中，通过不断萃取、虹吸，固体中的可溶物质富集到烧瓶中，将提取液浓缩后，得到目标固体物质。

为了提取茶叶中的咖啡因，往往利用适当的溶剂（如氯仿、乙醇、苯等）在脂肪提取器中连续萃取，然后蒸出溶剂，即得粗咖啡因。粗咖啡因中还含有一些生物碱和杂质，利用升华法可进一步纯化。

三、实验仪器及试剂

仪器：索氏提取器，100 mL 量筒，玻璃棒，电热套，温度计（0～250 ℃），普通漏斗，蒸发皿，棉花，滤纸。

试剂：10 g 茶叶，95%乙醇，生石灰，无水乙醇。

四、实验流程图（图 3-15）

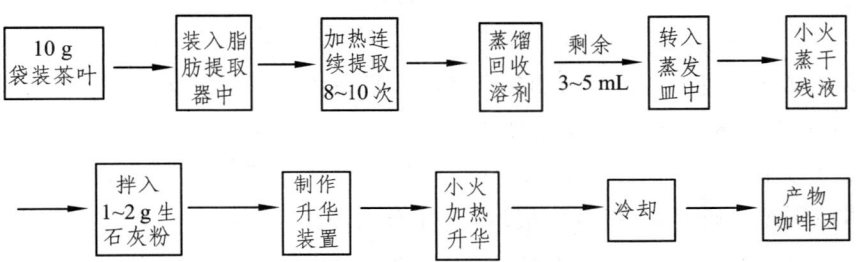

图 3-15 从茶叶中提取咖啡因实验流程

五、实验装置图（图 3-16）

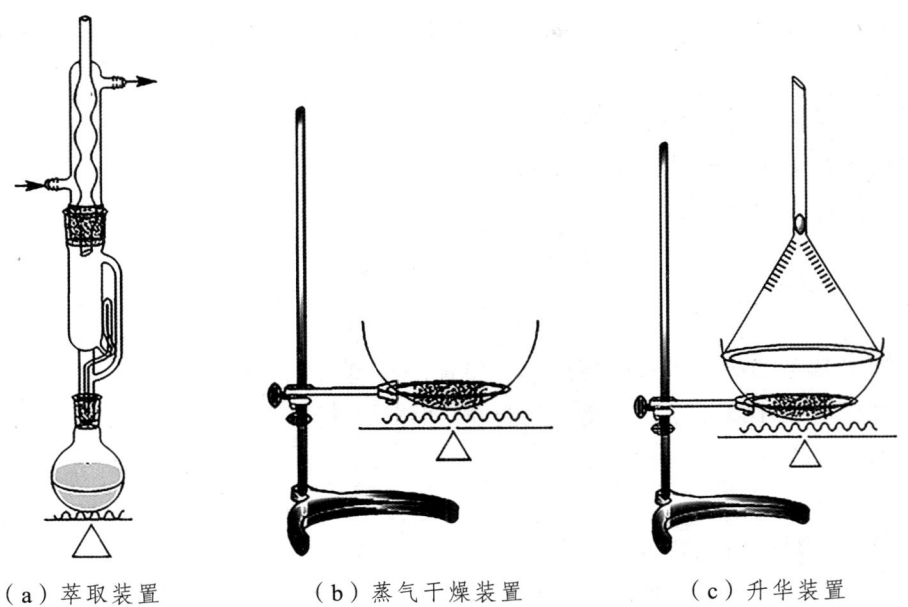

（a）萃取装置　　（b）蒸气干燥装置　　（c）升华装置

图 3-16 从茶叶中提取咖啡因实验装置

六、实验步骤

先将滤纸做成与提取器大小相适应的套袋。称取 10 g 茶叶（或袋装茶叶），略加粉碎，装入纸袋中，上下端封好，装入脂肪提取器中（装置如图 3-16），在 250 mL 圆底烧瓶中加入 75 mL 95%乙醇，几粒沸石，用水浴加热，连续提取 8~10 次（约 1.0 h，提取时，溶剂蒸气从导气管上升到冷凝管中，被冷凝液体后，滴入提取器中，萃取出茶叶中的可溶物，此时溶液呈深草青色，当液面上升到与虹吸管一样高时，提取液就从虹吸管流入烧瓶中，这为一次虹吸）。茶叶每次都能被纯粹的溶剂所萃取，使茶叶中的可溶性物质富集于烧瓶中。待提取器中的溶剂基本上呈无色或微呈青绿色时（一般 8~10 次），可以停止提取，但必须待提取器中的提取液刚刚虹吸下去后，方可停止加热。

稍冷，改成蒸馏装置，水浴加热，回收大部分溶剂，待剩下 3~5 mL 后，停止蒸馏，趁热将烧瓶中的残液倾入蒸发皿中，拌入 3~4 g 生石灰粉，使成糊状，在电热套中小火缓慢蒸干（装置如图 3-16），其间应不断搅拌，并尽可能压碎块状物，待干燥后将固体在研钵中研碎。最后将蒸发皿放在石棉网上，用小火烘炒片刻，使水分全部除去。冷却后，擦去沾在边上的粉末，以免在升华时污染产物。取一支口径合适的玻璃漏斗，在上覆盖面盖一个事先刺了许多小孔的滤纸和一个倒扣的玻璃漏斗，漏斗口用棉花塞住，在电热套中小心加热升华（装置如图 3-16，通常需要 10~15 min）。控制电热套温度在 220 °C 左右。当滤纸上出现许多白色毛状晶体，暂停加热，让其自然冷却至 100 °C 左右。小心取下漏斗，揭开滤纸，用刮刀将纸上和器皿周围的咖啡因刮下。

残渣经拌和后用较大的火再加热片刻，使升华完全。合并两次收集的咖啡因，称量并测定熔点。纯咖啡因熔点为 234.5 °C。

本实验需 4~6 h。

七、注意事项

1. 脂肪提取器的虹吸管极易折断，装置仪器和取拿时须特别小心。
2. 滤纸套大小既要紧贴器壁，又能方便取放，其高度不得超过虹吸管；滤纸包茶叶时要严谨，防止漏出堵塞虹吸管；纸套上面折成凹形，以保证回流液均匀浸润被萃取物。
3. 瓶中乙醇不可蒸得太干，否则残液很黏，转移时损失太大。
4. 在萃取回流充分的情况下，升华操作是实验成败的关键。升华过程中，始终都需用小火间接加热。如温度太高。会使产物发黄。注意温度计应放在合适的位置，使其正确反映出升华的温度。如无沙浴，也可以用简易空气浴加热升华，即将蒸发皿底部稍离开石棉网进行加热，并在附近悬挂温度计指示升华温度。

5. 必须将残留液/生石灰粉混合物的水分除净，且压碎成细末。

6. 严格控制沙浴温度在 220 °C 左右升华 0.5 h。

八、思考题

1. 如何提高萃取的效率？
2. 在萃取液中，可能含有哪些物质？
3. 加入生石灰粉的作用是什么？
4. 升华方法适用于哪些物质的纯化？如何改进升华的实验方法？

第四章
有机化合物的鉴别

实验一 烷烃与烯烃的鉴别

一、实验目的

1. 熟悉烷烃和烯烃的物理和化学性质。
2. 掌握鉴别环己烷和环己烯的方法。

二、实验原理

烷烃分子中只含 C—H 键和 C—C 键,是饱和的碳氢化合物,在一般条件下很稳定,难发生化学反应。

烯烃含有 C=C 键,是不饱和的碳氢化合物,在 C=C 键上容易发生加成反应和氧化反应。

与高锰酸钾的反应:高锰酸钾溶液与不饱和烯烃反应时,高锰酸钾的紫色会褪去,同时生成黑褐色的二氧化锰沉淀。

$$3 \bigotimes + 2KMnO_4 + 4H_2O \longrightarrow 3 \bigotimes_{OH}^{OH} + 2MnO_2\downarrow + 2KOH$$

(紫色) (黑棕色沉淀)

与溴的反应:溴的四氯化碳溶液与不饱和烯烃发生加成反应时,溴的橙红色会褪去。

$$\text{环己烯} + \underset{(\text{橙红色})}{Br_2} \longrightarrow \text{反-1,2-二溴环己烷}$$

三、鉴别试验

（一）溴的四氯化碳溶液试验

在干燥的小试管中加入 2 mL 2%溴的四氯化碳溶液，滴加 4 滴样品，振荡，观察溴的橙红色是否褪去。

样品：环己烷、环己烯。

（二）稀高锰酸钾溶液试验

在小试管中加入 2 mL 1%稀高锰酸钾水溶液，然后滴加 2 滴样品，振荡试管使混合均匀，观察高锰酸钾的紫色是否褪去，有无褐色二氧化锰沉淀。

样品：环己烷、环己烯。

四、注意事项

1. 溴为剧毒、强腐蚀性药品，取用时应特别小心！
2. 取溴操作需在通风橱中进行，戴防护眼镜以及橡胶手套，并注意不要吸入溴的蒸气。
3. 如不慎被溴灼伤皮肤，应立即用稀乙醇洗或少量甘油按摩，然后涂上硼酸、凡士林。

五、思考题

1. 烷烃与高锰酸钾溶液、溴有无反应？
2. 光照下，溴与烷烃能否发生反应？
3. 高锰酸钾与烯烃混合，为什么颜色会褪去？

实验二　卤代烷烃的鉴别

一、实验目的

1. 熟悉卤代烷烃的物理和化学性质。
2. 掌握卤代烷烃的鉴别方法。

二、实验原理

由于卤代烷分子中的 C—X（X = Cl，Br，I）键是极性共价键，比较容易断裂，卤代烷中的卤素容易被其他原子或基团所取代。反应中，卤素以负离子的形式离去，取代原子或基团则是一些亲核试剂。亲核试剂进攻缺电子的碳，形成取代产物，称为亲核取代反应，用 S_N 表示。

卤代烃 S_N1/S_N2 反应活性与卤代烃的结构有直接的关系。有利于稳定碳正离子的因素都有利于提高 S_N1 反应的速率。影响 S_N2 反应速率的因素主要是空间阻碍，过渡态越拥挤，反应速率越慢。

$$CH_3X \quad RCH_2X \quad R_2CHX \quad R_3CX$$
$\longrightarrow$ S_N1 反应活性
$\longleftarrow$ S_N2 反应活性

离去基团的难易也是影响反应活性的重要因素。离去基团的酸性越弱，保持得到的一对电子的能力越强，S_N1 和 S_N2 反应的活性越高。对于卤代烷烃来说：

S_N1 和 S_N2 反应活性：$RI > RBr > RCl$

在质子性溶剂如乙醇中，硝酸银与卤代物的反应为典型的 S_N1 反应。银离子与底物中的卤素配合，促进 C—X 键的极化，从而解离碳正离子：

$$AgNO_3 \longrightarrow Ag^+ + NO_3^-$$

$$RX + Ag^+ \longrightarrow R\overset{\delta^+}{\text{---}}X\overset{\delta^-}{\text{---}}Ag\overset{\delta^+}{} \longrightarrow R^+ + AgX\downarrow$$

$$R^+ + Nu^- \longrightarrow RNu$$

在非质子性极性溶剂如丙酮中，碘化钠与溴代物或氯代物的反应则为典型的 S_N2 反应。碘负离子具有极强的亲核性，易取代溴代物或氯代物中的卤素：

$$RX + NaI \longrightarrow [R\overset{\delta^-}{\text{---}}X\overset{\delta^-}{\text{----}}I] \longrightarrow RI + NaX\downarrow$$

反应速率的大小，很容易通过出现卤化银和卤化钠沉淀的快慢进行比较。

S_N1反应　　RX + AgNO$_3$ $\xrightarrow{乙醇}$ ROEt + AgX↓ + HNO$_3$　　(X = Cl, Br, I)

S_N2反应　　RX + NaI $\xrightarrow{丙酮}$ RI + NaX↓　　(X = Cl, Br)

三、鉴别试验

（一）与硝酸银的作用（S_N1反应）

于干净试管中加入 1 mL 硝酸银的乙醇溶液，然后加入 2 滴试样，观察现象并记录出现浑浊或形成沉淀所需时间。若 5 min 内仍无沉淀生成，则将水溶液加热煮沸，再观察现象并记录出现浑浊或形成沉淀所需时间。

试样：正丁基氯、仲丁基氯、叔丁基氯、正丁基溴、溴苯、三氯甲烷、苄氯。

（二）与碘化钠的作用（S_N2反应）

于干燥试管中盛放 2 mL 15%的碘化钠无水丙酮溶液，然后滴加 2 滴被测试样，振荡试管使反应物充分混合，仔细观察反应并记录形成沉淀所需时间。如室温下 5 min 内仍未出现沉淀，用塞子塞住试管，将试管置于 50 ℃ 左右水浴中加热，观察反应并记录出现浑浊或形成沉淀所需时间。如加热 15 min 后仍未出现变化，可视为此卤代烷与碘化钠不反应。

试样：正丁基氯、正丁基溴、溴代环己烷、2-氯丁烷、2-溴丁烷、叔丁基氯、叔丁基溴。

四、注意事项

硝酸银溶液与皮肤接触，立即形成黑色的金属银，很难洗去，滴加和摇荡时应小心，避免与皮肤接触。

五、思考题

1. 根据实验结果解释，为什么与硝酸银乙醇溶液的作用，不同烷基的活性是 RI > RBr > RCl？
2. 本实验中可否用硝酸银的水溶液？
3. 卤原子在不同反应中的活性为什么总是碘 > 溴 > 氯？

实验三　醇和酚的鉴别

一、实验目的

1. 进一步认识醇类的一般性质，并比较醇和酚之间化学性质上的差异。
2. 认识羟基和烃基的相互影响。

二、实验原理

醇和酚的结构中都含有羟基，但醇中的羟基与烃基相连，酚中的羟基与芳环直接相连，因此它们的化学性质有很多不相同。

（一）醇类性质

伯醇、仲醇可被铬酸试剂快速氧化，5 s 内即可产生明显的颜色变化，溶液由橙色变为蓝绿色，而在相同条件下，叔醇不起反应。因此，铬酸试验可使伯、仲、叔醇区分开。

$$H_2CrO_4 + RCH_2OH 或 R_2CHOH \xrightarrow{H_2SO_4} Cr_2(SO_4)_3 + RCO_2H 或 R_2CO$$
橙色　　　　　　　　　　　　　　　　　　蓝绿色

不同类型的醇与氯化锌-盐酸（Lucas）试剂反应的速率不同，叔醇最快，仲醇次之，伯醇最慢，因此可用来区别伯、仲、叔醇。含 3~6 个碳原子的醇可溶于氯化锌-盐酸溶液中，反应后生成不溶于试剂的卤代烷，故会出现浑浊或分层，利用各种醇出现浑浊或分层的速度不同可加以区别。含 6 个以上碳原子的醇类不溶于氯化锌-盐酸溶液中，不能用此法检验；甲醇、乙醇所生成的相应卤代烷为气体，也不能用此法加以区分。

$$ROH + HCl \xrightarrow{ZnCl_2} RCl + H_2O$$

（二）酚类性质

酚类化合物具有弱酸性，与强碱作用生成酚盐，可溶于水，酸化后可使酚游离出来。大多数酚能与三氯化铁发生特殊的颜色反应，而且各种酚与三氯化铁产生的颜色不同，多数酚呈现红色、蓝色、紫色或绿色，颜色的产生是由于形成解离度很大的配合物。以苯酚为例：

$$6\ C_6H_5{-}OH + FeCl_3 \longrightarrow 3H^+ + 3HCl + [Fe(OPh)_6]^{3-}$$

一般烯醇类化合物也能与三氯化铁起颜色反应,多数为红紫色。大多数硝基酚类、间羟基苯甲酸和对羟基苯甲酸不起颜色反应。某些酚如 α-萘酚、β-萘酚等由于在水中溶解度很小,它的水溶液与三氯化铁不起颜色反应,可采用乙醇溶液。

羟基的存在,使苯环活性增加,因此酚类能使溴水褪色,形成溴代酚析出。如苯酚与溴水作用,生成白色固体三溴苯酚:

$$\text{C}_6\text{H}_5\text{OH} + 3\text{Br}_2 \longrightarrow \text{Br}_3\text{C}_6\text{H}_2\text{OH} + 3\text{HBr}$$

但需指出,这个反应并非酚的特有反应,其他含有易被溴取代的氢原子的化合物,以及易被溴水氧化的化合物,如硫醇与芳胺均有此反应。

三、鉴别试验

(一) 醇的性质

1. 比较醇的同系物在水中的溶解度:在 4 支试管中分别加入 2 mL 水,然后分别加入甲醇、乙醇、丁醇、辛醇各 10 滴,振荡并观察溶解情况。如已溶解,则再加 10 滴样品,继续观察,可得出什么结论?

2. 醇钠的生成以及水解:在干燥试管中,加入 1 mL 无水乙醇,然后将 1 小粒金属钠投入试管中,观察现象,有什么气体放出?待金属钠完全消失,向试管中加入 2 mL 水,滴加酚酞指示剂,解释观察到的现象。

3. 醇与 Lucas 试剂的作用:在 3 支干燥的试管中,分别加入 0.5 mL 正丁醇、仲丁醇和叔丁醇。每个试管中各加入 2 mL Lucas 试剂,立即用塞子将试管口塞住,充分振荡后静置,温度最好保持在 26~27 °C,注意最初 5 min 以及 1 h 后混合物的变化,记录混合物变浑浊和出现分层的时间。

4. 醇的氧化:向盛有 1 mL 乙醇的试管中滴加 1% $KMnO_4$ 溶液 2 滴,充分振荡后,将试管置于水浴中加热,观察溶液颜色的变化,写出有关的化学反应方程式。

(二) 酚的性质

1. 苯酚的酸性:在试管中盛放苯酚的饱和水溶液 6 mL,用玻璃棒蘸取一滴于 pH 试纸上试验其酸性。

2. 苯酚与溴水的反应:取苯酚饱和水溶液 2 滴,用水稀释至 2 mL,逐滴滴入饱和溴水,观察现象。

3. 苯酚的氧化:取苯酚的饱和水溶液 3 mL 置于试管中,加入 0.5 mL 5%碳酸钠溶液以及 1 mL 0.5%高锰酸钾溶液,边振荡边观察现象。

4. 苯酚与三氯化铁作用：取苯酚的饱和水溶液 2 mL 置于试管中，加入 2 mL 水，并逐滴滴入三氯化铁溶液，观察颜色变化。

四、注意事项

1. 金属钠与水反应很剧烈，应避免与水直接接触。如果反应停止后溶液中仍然有残余的钠，应该先用镊子将钠取出放在酒精中破坏，然后加水。
2. 溴为剧毒、强腐蚀性药品，在取用时应该特别小心！
3. 取溴操作需在通风橱中进行，戴防护眼镜以及橡胶手套，并注意不要吸入溴的蒸气。
4. 如不慎被溴灼伤皮肤，应立即用稀乙醇洗或少量甘油按摩，然后涂上硼酸、凡士林。

五、思考题

1. 用 Lucas 试剂检验伯、仲、叔醇的实验成功的关键何在？
2. 对于 6 个碳以上的伯、仲、叔醇，可否用 Lucas 试剂检验？

实验四 醛和酮的鉴别

一、实验目的

1. 通过使用进一步加深对醛、酮化学性质的理解。
2. 掌握鉴别醛、酮的化学方法。

二、实验原理

醛、酮类化合物含有羰基，能与许多试剂，如苯肼、2,4-二硝基苯肼、羟胺、索氨脲、亚硫酸氢钠等发生反应。这些反应可以用来分离、提纯和鉴别醛酮。

$$\underset{(R')}{\overset{R}{\underset{H}{\bigg\rangle}}}\!\!=\!\!O + H_2N\text{-}NH\text{-}C_6H_3(NO_2)_2 \longrightarrow \underset{(R')}{\overset{R}{\underset{H}{\bigg\rangle}}}\!\!=\!\!N\text{-}NH\text{-}C_6H_3(NO_2)_2 + H_2O$$

2,4-二硝基苯肼   2,4-二硝基苯腙

2,4-二硝基苯腙是有固定熔点的结晶，易从溶液中析出，既可作为检验醛酮性质的试验，又可作为制备醛酮衍生物的一种方法。沉淀的颜色取决于醛酮的共轭程度。缩醛因可水解生成醛，因此也可与 2,4-二硝基苯肼作用生成沉淀。

利用 Tollens（土伦）试剂和 Fehling（斐林）试剂是鉴别醛酮的常用方法。Tollens 试剂是银氨配离子的碱性水溶液。反应时醛被氧化成酸，银离子被还原成银附着在试管壁上，故 Tollens 实验又称银镜反应。

$$\underset{H}{\overset{R}{\bigg\rangle}}\!\!=\!\!O + 2Ag(NH_3)_2OH \longrightarrow RCO_2^-NH_4^+ + 2Ag\downarrow + NH_3 + H_2O$$

Fehling 是由硫酸铜、氢氧化钠、酒石酸钾钠配制而成的溶液。有效成分是铜离子和酒石酸形成的酒石酸合铜配合物，可以被脂肪醛或还原性糖还原为氧化亚铜。斐林试剂为深蓝色溶液，在与脂肪醛或还原性糖共热时，蓝色消失，析出红色的氧化亚铜沉淀。因此，斐林试剂常用于鉴定可溶性的还原性糖存在与否。

$$\underset{H}{\overset{R}{\bigg\rangle}}\!\!=\!\!O + 2Cu(OH)_2 \longrightarrow RCO_2H + Cu_2O\downarrow + H^+$$

一个鉴别甲基酮的简便方法是次碘酸钠试验。凡是具有 CH_3CO- 结构或能被氧化为 CH_3CO- 的化合物，都能与次碘酸钠反应，生成黄色的碘仿沉淀。

$$\underset{R}{\overset{O}{\|}}\!\!-\!\!CH_3 + 3NaIO \longrightarrow \underset{R}{\overset{O}{\|}}\!\!-\!\!CI_3 + 3NaOH \longrightarrow \underset{R}{\overset{O}{\|}}\!\!-\!\!ONa + 2NaOH + CHI_3\!\!\downarrow \text{黄色}$$

三、鉴别试验

（一）2,4-二硝基苯肼试验

取 2,4-二硝基苯肼 1 g，加入 7.5 mL 浓硫酸，溶解后，将此溶液倒入 75 mL 95% 乙醇中，用水稀释至 250 mL，必要时过滤，备用。

取上述 2,4-二硝基苯肼试剂 2 mL 放入试管中，加入 3~4 滴样品，振荡，静置片刻，若无沉淀生成，可微微加热 30 s 再振荡，冷却后有黄色或橙红色沉淀生成，表明样品是羰基化合物。

样品：甲醛水溶液、乙醛水溶液、丙酮、苯甲醛、苯乙酮。

（二）Tollens 试验

在洁净的试管中加入 2 mL 5%硝酸银，振荡下逐渐滴加浓氨水，溶液中产生棕色沉淀，继续滴加氨水，直到沉淀恰好溶解为止（不宜多加，否则影响试验的灵敏度），得一澄清透明溶液。然后向试管中滴入 2 滴样品（不溶或难溶于水的样品，可加入几滴丙酮使之溶解），振荡，如无变化，可在手心或在水浴中温热，有银镜生成，表明为醛类。

样品：甲醛水溶液、乙醛水溶液、丙酮、苯甲醛、苯乙酮。

（三）Fehling 试验

Fehling A 试剂：将 3.5 g 含有五结晶水的硫酸铜溶于 100 mL 水中，即得淡蓝色的 Fehling A 试剂。

Fehling B 试剂：将 17 g 五结晶水的酒石酸钾钠溶于 20 mL 热水中，然后加入含有 5 g 氢氧化钠的水溶液 20 mL，稀释至 100 mL，即得无色清亮的 Fehling B 试剂。

在洁净的试管中加入 0.5 mL Fehling A 试剂和 0.5 mL Fehling B 试剂，振荡均匀后分别加入 3~4 滴样品，振荡摇匀后置于沸水中加热 2~5 min，有砖红色沉淀生成，表明为醛类。

样品：甲醛水溶液、乙醛水溶液、丙酮、苯甲醛、苯乙酮。

（四）碘仿试验

在试管中加入 1 mL 水和 3~4 滴样品（不溶或难溶于水的样品，可加入几滴二氧六环使之溶解），再加入 1 mL 10%氢氧化钠溶液，然后滴加碘-碘化钾溶液至溶液呈浅黄色，振荡后析出黄色沉淀为正性试验。若不析出沉淀，可在温水浴中微热，若溶液变为无色，继续滴加 2~4 滴碘-碘化钾溶液，观察结果。

样品：乙醛水溶液、正丁醛、丙酮、乙醇。

四、注意事项

1. Tollens 试剂久置后将形成雷银（AgN_3）沉淀，容易爆炸，故必须临时配用。
2. 硝酸银溶液与皮肤接触，立即形成黑色的金属银，很难洗去，滴加和摇荡时应小心，避免与皮肤接触。

五、思考题

1. Tollens 试剂为什么要在临用时才配制？
2. Tollens 试验完毕，应加入少许硝酸，立即煮沸洗去银镜，为什么？
3. 如何用简单的化学方法鉴别下列化合物？

环己烷　环己烯　环己醇　丁醛　苯甲醛　丙酮

参考文献

[1] 曾和平. 有机化学实验[M]. 4 版. 北京：高等教育出版社，2014.

[2] 兰州大学. 有机化学实验[M]. 4 版. 北京：高等教育出版社，2017.

[3] 汪志勇. 有机化学实验[M]. 北京：高等教育出版社，2016.

[4] 北京大学. 有机化学实验[M]. 3 版. 北京：北京大学出版社，2015.

[5] 郭书好. 有机化学实验[M]. 武汉：华中科技大学出版社，2008.

[6] 江元汝. 有机化学实验[M]. 北京：科学出版社，2013.

# 附 录

附录 A 常见元素的相对原子质量

表 A1 常见元素的相对原子质量

元素名称	元素符号	相对原子质量	元素名称	元素符号	相对原子质量
氢	H	1.008 0	铬	Cr	51.996 1
硼	B	10.810 0	锰	Mn	54.938 0
碳	C	12.011 0	铁	Fe	55.845 0
氮	N	14.007 0	钴	Co	58.933 2
氧	O	15.999 0	镍	Ni	58.693 4
氟	F	18.998 4	铜	Cu	63.546 0
硅	Si	28.085 0	锌	Zn	65.380 0
磷	P	30.973 8	钌	Ru	101.070 0
硫	S	32.060 0	铑	Rh	102.905 5
氯	Cl	35.450 0	钯	Pd	106.420 0
溴	Br	79.904 0	锡	Sn	118.710 0
碘	I	126.904 5	银	Ag	107.868 2
锂	Li	6.940 0	锇	Os	190.230 0
钠	Na	22.989 8	铱	Ir	192.217 0
镁	Mg	24.305 0	铂	Pt	195.084 0
铝	Al	26.981 5	金	Au	196.966 6
钾	K	39.098	汞	Hg	200.590 0
钙	Ca	40.078 0	铅	Pb	207.200 0

附录 B 常用试剂的纯化与配制

（一）无水甲醇

沸点 64.96 ℃。试剂纯甲醇含少量水和丙酮，纯度可达 99.85%，一般不经纯化可直接应用。如要制得无水甲醇，可用镁和少量碘在惰性气氛下加热回流除去水，再蒸馏出无水甲醇。含水量低于 0.1% 的甲醇，也可用 3A 或 4A 型分子筛干燥。甲醇有毒，应在通风橱中进行处理，避免吸入甲醇蒸气。

（二）无水乙醇

沸点 78.5 ℃。工业酒精含水约 4.5%，因 95.5% 乙醇和 4.5% 的水形成恒沸混合物，不能直接用蒸馏法制取无水乙醇。制取无水乙醇需加入氧化钙（生石灰）煮沸回流，使乙醇中的水与生石灰作用生成氢氧化钙，然后再将无水乙醇蒸出。这样得到无水乙醇，纯度最高约 99.5%。因此，市售无水乙醇一般只能达到 99.5% 纯度。纯度更高的无水乙醇可用镁和少量碘在惰性气氛下加热回流除去水，再蒸馏出干燥无水乙醇。

（三）无水乙醚

沸点 34.5 ℃。普通乙醚中含有一定量的水、乙醇及少量过氧化物等杂质。制备干燥无水乙醚时，首先取少量乙醚与等体积的 2% 碘化钾溶液，加入几滴稀盐酸一起振摇，若能使淀粉溶液呈紫色或蓝色，即证明有过氧化物存在。除去过氧化物可在分液漏斗中加入普通乙醚和相当于乙醚体积 1/5 的新配制硫酸亚铁溶液（60 g 硫酸亚铁 + 10 mL 1 mol/L H_2SO_4），剧烈振摇后分去水溶液，然后分去水层，无水氯化钙干燥，过滤。在惰性气氛下，往所得乙醚中加入钠丝与二苯甲酮，缓慢回流，溶液变蓝，蒸馏出干燥无水乙醚。

注意：乙醚沸点低（34.51 ℃），极易挥发，蒸气密度比空气大，容易聚集在桌面附近或低凹处。当空气中含有 1.85%～36.5% 的乙醚蒸气时，遇火即会发生燃烧、爆炸。故在使用和蒸馏过程中，一定要谨慎小心，远离火源。尽量不让乙醚蒸气散发到空气中，以免造成意外。

（四）乙酸乙酯

沸点 77.06 ℃。市售的乙酸乙酯中含有少量水、乙醇和醋酸，可加入醋酸酐、催化量浓硫酸，加热回流，除去乙醇、水等杂质，然后进行分馏。馏液用 2～3 g 无水碳酸钾振荡干燥后蒸馏，最后产物的沸点为 77 ℃，纯度达 99.7%。

（五）丙　酮

沸点 56.2 ℃。普通丙酮中往往含有少量水及甲醇、乙醛等还原性杂质，可加入高锰酸钾回流，以除去还原性杂质，若高锰酸钾紫色很快消失，需要加入少量高锰酸钾继续回流，直至紫色不再消失为止。蒸出丙酮，用无水碳酸钾或无水硫酸钙干燥，过滤，蒸馏，收集 55~56.5 ℃ 的馏分。

（六）四氢呋喃

沸点 67 ℃。市售的四氢呋喃常含有少量水分及过氧化物。如要制得无水四氢呋喃，可加入钠丝与二苯甲酮，缓慢回流，溶液变蓝，蒸馏出干燥四氢呋喃。

（七）氯　仿

沸点 61.7 ℃。普通用的氯仿含有 1% 的乙醇作为稳定剂，以防止氯仿分解为有毒的光气。可用水洗数次去除稳定剂乙醇，再用无水氯化钙干燥，然后蒸馏。

（八）二甲亚砜

沸点 189 ℃。二甲亚砜为无色、无嗅、微带苦味的吸湿性液体。常压下加热至沸腾可部分分解。试剂级二甲亚砜含水量约为 1%，通常先减压蒸馏，然后用 4A 型分子筛干燥。蒸馏二甲亚砜时，温度不宜高于 90 ℃，否则会发生歧化反应生成二甲砜和二甲硫醚。

（九）N,N-二甲基甲酰胺

沸点 149~156 ℃。N,N-二甲基甲酰胺含有少量水分。在常压蒸馏时有少量分解，产生二甲胺与一氧化碳，有酸或碱存在时，分解加快。可用硫酸钙、硫酸镁、氧化钡、硅胶或分子筛干燥，然后减压蒸馏，收集 76 ℃/4.79 kPa（36 mmHg）的馏分。

（十）苯

沸点 80.1 ℃。普通苯含有少量的水（可达 0.02%），由煤焦油加工得来的苯还含有少量噻吩（沸点 84 ℃），欲制得无水、无噻吩的苯，可用相当于苯体积 15% 的浓硫酸洗涤数次，直至酸层为无色或淡黄色。分去酸层，苯层依次用水、10% 碳酸钠溶液、水洗涤，用氯化钙干燥，蒸馏。若要高度干燥，可加入钠丝进一步去水。

（十一）吡　啶

沸点 115.5 ℃。分析纯的吡啶含有少量水分。如要制得无水吡啶，可与粒状氢氧化钾或氢氧化钠一同回流，然后在惰性气氛下蒸出。干燥的吡啶吸水性很强，保存时应将容器口用石蜡封好。

（十二） Feling 试剂

Fehling 试剂由 Fehling A 试剂和 Fehling B 试剂组成，使用时将两者等体积混合。

Fehling A 试剂：将 3.5 g 含有五结晶水的硫酸铜溶于 100 mL 水中，即得淡蓝色的 Fehling A 试剂。

Fehling B 试剂：将 17 g 含有五结晶水的酒石酸钾钠溶于 20 mL 热水中，然后加入含有 5 g 氢氧化钠的水溶液 20 mL，稀释至 100 mL，即得无色清亮的 Fehling B 试剂。

由于氢氧化铜是沉淀，不易与样品作用，加入酒石酸钾钠可与铜离子配合，形成深蓝色的溶液。

（十三） Tollens 试剂

加 20 mL 5%硝酸银溶液于一干净试管内，加入 1 滴 10%氢氧化钠溶液，然后滴加 2%氨水，振摇，直至沉淀刚好溶解。

注意：配制 Tollens 试剂时应防止加入过量的氨水，否则，将生成雷酸银（Ag—O=N≡C），受热后将引起爆炸，试剂本身还将失去灵敏性。Tollens 试剂久置后将析出黑色的氮化银（AgN_3）沉淀，它受震动时分解，发生猛烈爆炸。

（十四） Lucas 试剂

将 34 g 无水氯化锌在蒸发皿中强热熔融，稍冷后放在干燥器中冷至室温，取出捣碎，溶于 23 mL 浓盐酸中（相对密度 1.187）。配制时须加以搅动，并把容器放在冰水浴中冷却，以防氯化氢逸出。约得 35 mL 溶液，放冷后，存于玻璃瓶中，塞紧。此试剂一般临用时配制。

附录 C 有毒有害化学品的知识

C1 化学品、试剂毒性分类

表 C1 化学品、试剂毒性分类

毒性分类	举 例
强致癌	黄曲霉素 B_1、亚硝胺、3-4 苯并芘等。
致癌	2-乙酰氨基酸、4-氨基联苯、联苯胺及其盐类、3,3-二氯联苯胺、4-二甲基氨偶氮苯、1-萘胺、2-萘胺、4-硝基联苯、N-亚硝基二甲胺、β-丙内酯、4,4-甲叉(双)-2-氯苯胺、乙撑亚胺、氯甲甲醚、二硝基萘、羧基镍、氯乙烯、同苯二酚、二氯甲醚等。
剧毒	六氯苯、羧基铁、氰化钠、氢氟酸、氯化氰、氯化汞、氢氰酸、砷酸汞、汞蒸气、砷化氢、光气、氟光气、磷化氢、三氧化二砷、有机砷化物、有机磷化物、有机氟化物,有机硼化物、铍及其化合物、丙烯腈、乙腈等。
高毒	对二氯苯、甲基丙烯腈、丙酮氰醇、二氯乙烷、三氯乙烷、偶氮二异丁腈、黄磷、三氯氧磷、五氯化磷、三氯化磷、五氯化二磷、三氯甲烷、溴甲烷、二乙烯酮、氯化亚氮、铊化合物、四乙基铅、四乙基锡、三氯化锑、溴水、氯气、三氧化二钒、二氧化锰、二氯硅烷、三氯甲硅烷、苯胺、硫化氢、硼烷、氯化氢、氟乙酸、丙烯醛、乙烯酮、氟乙酰胺、碘乙酸乙酯、溴乙酸乙酯、氯乙酸乙酯、有机氟化物、芳香胺、叠氮化钠、砷化钠等。
中毒	苯、四氯化碳、三氯硝基甲烷、乙烯吡啶、三硝基甲苯、五氯酚钠、硫酸、砷化镓、丙烯酰胺、环氧乙烷、环氧氯丙烷、烯丙醇、二氯丙醇、糠醛、三氟化硼、四氯化硅、硫酸镉、氧化镉、硝酸、甲醛、甲醇、肼(联氨)、二硫化碳、甲苯、二甲苯、一氧化碳、一氧化氮等。
低毒	三氯化铝、钼酸铵、间苯二胺、正丁醇、叔丁醇、乙二醇、丙烯酸、甲基丙烯酸、顺丁烯二酸酐、二甲基酰胺、己内酰胺、亚铁氰化钾、铁氰化钾、氨及氢氧化胺、四氯化锡、氯化锗、对氯苯氨、硝基苯、三硝基甲苯、对硝基氯苯、二苯甲烷、苯乙烯、二乙烯苯、邻苯二甲酸、四氢呋喃、吡啶、三苯基磷、烷基铝、苯酚、三硝基酚、对苯二酚、丁二烯、异戊二烯、氢氧化钾、盐酸、氯磺甲、乙醚、丙酮等。

C2 有毒化学物质对人体的危害

(一) 呼吸系统

在工业生产中,呼吸道最易接触毒物,特别是刺激性毒物,一旦吸入,轻者引起呼吸道炎症,重者发生化学性肺炎或肺水肿。常见引起呼吸系统损害的毒物有氯气、氨、二氧化硫、光气、氮氧化物,以及某些酸类、酯类、磷化物等。

（二）神经系统

有毒物质可损害中枢神经（包括脑和脊髓）和周围神经（由脑和脊髓发出，分布于全身皮肤、肌肉、内脏等处）。铅、铊、砷、正己烷、丙烯酰胺、氯丙烯等可侵犯运动神经、感觉神经或混合神经，表现有运动障碍，四肢远端的手套、袜套样分布的感觉减退或消失，反射减弱，肌肉萎缩等，严重者可出现瘫痪。一氧化碳、硫化氢、氰化物、氮气、甲烷等引起组织缺氧，常见症状有头痛、头晕、嗜睡、视力模糊、步态蹒跚，甚至烦躁、抽搐、惊厥、昏迷等，严重者可发生脑疝而死亡。

（三）血液系统

苯、砷、铅等能引起贫血；苯、巯基乙酸等能引起粒细胞减少症；苯的氨基和硝基化合物（如苯胺、硝基苯）可引起高铁血红蛋白血症，患者突出的表现为皮肤、黏膜青紫；氧化砷可破坏红细胞，引起溶血；苯、三硝基甲苯、砷化合物、四氯化碳等可抑制造血机能，引起血液中红细胞、白细胞和血小板减少，发生再生障碍性贫血；苯可致白血症已得到公认，其发病率为 0.014%。

（四）消化系统

有毒物质对消化系统的损害很大。例如，汞可致汞毒性口腔炎；氟可导致"氟斑牙"；汞、砷等毒物，经口侵入可引起出血性胃肠炎；铅中毒可引起腹绞痛；黄磷、砷化合物、四氯化碳、苯胺等物质可致中毒性肝病。

（五）循环系统

常见的有：有机溶剂中的苯、有机磷农药以及某些刺激性气体和窒息性气体对心肌的损害，其表现为心慌、胸闷、心前区不适、心率快等；急性中毒可出现休克；长期接触一氧化碳可促进动脉粥样硬化等。

（六）泌尿系统

经肾随尿排出是有毒物质排出体外最重要的途径，加之肾血流量丰富，易受损害。泌尿系统各部位都可能受到有毒物质损害，如慢性铍中毒常伴有尿路结石，杀虫脒中毒可出现出血性膀胱炎等，但常见的还是肾损害。不少生产性毒物对肾有毒性，尤以重金属和卤代烃最为突出，如汞、铅、铊、镉、四氯化碳、氯仿、六氟丙烯、二氯乙烷、溴甲烷、溴乙烷、碘乙烷等。

（七）骨骼损害

长期接触氟可引起氟骨症。磷中毒下颌改变，首先表现为牙槽嵴的吸收，随着吸收的加重发生感染，严重者发生下颌骨坏死。长期接触氯乙烯可致肢端溶骨症，即指骨末端发生骨缺损。镉中毒可发生骨软化。

（八）眼损害

生产性毒物引起的眼损害分为接触性和中毒性两类。前者是毒物直接作用于眼部所致；后者则是全身中毒在眼部的改变。接触性眼损害主要为酸、碱及其他腐蚀性毒物引起的眼灼伤。眼部的化学灼伤重者可造成终生失明，必须及时救治。引起中毒性眼病最典型的毒物为甲醇和三硝基甲苯。甲醇急性中毒的眼部表现有视觉模糊、眼球压痛、畏光、视力减退、视野缩小等；严重中毒时有复视、双目失明。慢性三硝基甲苯中毒的主要临床表现之一为中毒性白内障，即眼晶状体发生浑浊，浑浊一旦出现，停止接触不会消退，晶状体全部浑浊时可导致失明。

（九）皮肤损害

职业性皮肤病是职业性疾病中最常见、发病率最高的职业性伤害，其中化学性因素引起者占多数。根据作用机制不同，引起皮肤损害的化学性物质分为：原发性刺激物、致敏物和光敏感物。常见原发性刺激物为酸类、碱类、金属盐、溶剂等；常见皮肤致敏物有金属盐类（如铬盐、镍盐）、合成树脂类、染料、橡胶添加剂等；光敏感物有沥青、焦油、吡啶、蒽、菲等。常见的疾病有接触性皮炎、油疹及氯痤疮、皮肤黑变病、皮肤溃疡、角化过度及皲裂等。

（十）化学灼伤

化学灼伤是化工生产中的常见急症，是化学物质对皮肤、黏膜刺激、腐蚀及化学反应热引起的急性损害。按临床分类有体表（皮肤）化学灼伤、呼吸道化学灼伤、消化道化学灼伤、眼化学灼伤。常见的致伤物有酸、碱、酚类、黄磷等。某些化学物质在致伤的同时可经皮肤、黏膜吸收引起中毒，甚至引起死亡，如黄磷、酚、氯乙酸。

（十一）职业性肿瘤

接触职业性致癌性因素而引起的肿瘤，称为职业性肿瘤。国际癌症研究机构（IARC）2020年公布了对人肯定有致癌性的120种物质或环境。致癌物质有苯、铍及其化合物、镉及其化合物、六价铬化合物、镍及其化合物、环氧乙烷、砷及其化合物、α-萘胺、4-氨基联苯、联苯胺、煤焦油、沥青、石棉、氯甲醚等；致癌环境有煤的气化、焦炭生产等。我国2013年颁布的职业病名单中规定石棉所致肺癌、间皮瘤，联苯胺所致膀胱癌，苯所致白血病，氯甲醚所致肺癌，砷所致肺癌、皮肤癌，氯乙烯所致肝血管肉瘤，焦炉工人肺癌和铬酸盐制造工人肺癌为法定的职业性肿瘤。

毒物引起的中毒往往是多器官、多系统的损害。如常见毒物铅可引起神经系统、消化系统、造血系统及肾脏损害；三硝基甲苯中毒可出现白内障、中毒性肝病、贫血、高铁血红蛋白血症等。同一种毒物引起的急性和慢性中毒，其损害的器官及表现也可能有很大差别。例如，苯急性中毒主要表现为对中枢神经系统的麻醉作用，而慢性中毒主要为造血系统的损害。这在有毒化学物质对机体的危害作用中是一种很常见的现象。此外，有毒化学物质对机体的危害，取决于一系列因素和条件，如毒物本身的特性（化学结构、理化特性），毒物的剂量、浓度和作用时间，毒物的联合作用，个体的感受性等。总之，机体与有毒化学物质之间的相互作用是一个复杂的过程，中毒后的表现千差万别，了解和掌握这些过程和表现，无疑将有助于我们对有毒化学物质中毒的了解和防治管理。